ŒUVRES
DE
FRANÇOIS
VILLON:
AVEC
LES REMARQUES
DE
DIVERSES PERSONNES.

Peu de Villons en bon Sçavoir:
Trop de Villons pour decevoir.
MAROT.

A LA HAIE,
Chés ADRIEN MOETJENS.
M. DCC. XLII.

A
MONSIEUR JORDAN,
CONSEILLER PRIVÉ
DE S. M. PRUSSIENNE.

Monsieur,

Possesseur des antiques Dépouilles de Mr. LE DUCHAT, je m'amuſe de tems en tems à les parcourir. J'y trouvai derniérement un Cahier de Notes ſur VILLON, qui me parut en ſi bon Etat, que je penſai à procurer une nouvelle Edition de ce Poëte, l'un des plus ingénieux de ſon Siecle.

Connoissant de longue-main votre Goût pour tous les Genres de Littérature, & en particulier pour celui-ci, il me vint auſſi-tôt dans l'Eſprit de vous offrir cet Ouvrage, qui ne ſera pas indigne d'oc-

EPITRE DE'DICATOIRE.

d'occuper quelque Coin dans votre belle & nombreuse Bibliotheque. Recevez-le donc, MONSIEUR, d'aussi bon Cœur que je vous le présente.

JE suis ravi d'avoir cette Occasion de vous donner une Marque publique de mes Sentimens pour vous. Vous les connoissez il y a long-tems, & vous rendez Justice à leur Sincérité. J'estime vos Connoissances, vos Talens, les Qualitez de votre Esprit; mais, je prise encore plus votre Candeur, votre Sincérité, les Qualitez de votre Cœur. Les unes & les autres ont concouru à vous procurer la glorieuse Estime d'un Maître trop éclairé pour donner son Suffrage, & accorder ses Graces, qu'au vrai Mérite. Puissiés-vous jouïr long-tems, MONSIEUR, d'une Situation dont vos Amis partagent avec vous l'Agrément.

J'AI l'Honneur d'être avec la plus parfaite Considération,

MONSIEUR,

Votre très-humble & très-obéïssant Serviteur,

FORMEY.

A Berlin, le 17 de Juillet 1741.

CLEMENT MAROT,

DE CAHORS,

Varlet de Chambre du Roy,

AUX LECTEURS

SALUT.

ENTRE tous les bons Livres imprimez de la Langue Françoise ne s'en veoit ung si incorrect, ne si lourdement corrompu, que celluy de VILLON: & m'esbahy (veu que c'est le meilleur Poëte Parisien qui se trouve (1),) comment les Imprimeurs de Paris, & les Enfans

---

(1) FAUCHET, L. I. de l'Origine des Chevaleries: *J'ay fait cette Excapade pour la Mémoire de Villon, un de nos meilleurs Poëtes satyriques, duquel si nous sçavions bien entendre la Poësie, nous découvriroit l'Origine de plusieurs Maisons de Paris, & des Particularitez de ce Temps-là.* Fauchet, au même Endroit, nous assure, que Villon ne fut pas pendu, comme beaucoup de Gens ont pensé.

RABLAIS s'est souvenu de notre Villon en plus d'un Endroit; & ce qu'il en raconte, l. 4. ch. 13. & 67., mérite d'ére lû. *Remarque de l'Editeur de 1723.*

fans de la Ville, n'en ont eu plus grand Soing. Je ne fuys (certes) en rien fon voyfin : mais, pour l'amour de fon gentil Entendement, & en récompenfe de ce que je puys avoir aprins de luy en lifant fes *Oeuvres*, j'ay faict à icelles ce que je vouldroys eftre faict aux myennes, fi elles eftoient tombées en femblable Inconvénient.

TANT y ay trouvé de Broillerie en l'Ordre des Coupletz & des Vers, en Mefure, en Langaige, en la Ryme, & en la Raifon, que je ne fçay duquel je doy plus avoir Pitié, ou de l'Oeuvre ainfi oultrement gaftée, ou de l'Ignorance de ceulx qui l'imprimérent. Et, pour vous en faire Preuve, me fuys advifé (Lecteurs) de vous mettre icy ung des Coupletz incorrectz du mal imprimé Villon, qui vous fera Exemple & Tefmoing d'un grand Nombre d'autres autant broillés & gaftez que luy ; lequel eft tel.

> *Or eft vray qu'apres plainctz & pleurs*
> *Et angoiffeux gemiffemens,*
> *Apres trifteffes & douleurs*
> *Labeurs & griefz cheminemens,*
> *Travaille mes lubres fentemens*
> *Aguyfez ronds, comme une pelote*
> *Monftrent plus que les comments*
> *En fens moral de Ariftote.*

Qui eft celluy qui vouldroit nyer le Sens n'en eftre grandement corrompu ? Ainfi pour vray l'ay-je trouvé aux vieilles Impreffions, & encores pis aux nouvelles. Or, voyez maintenant comment il a efté r'abillé, & en jugez gracieufement.

Or

CLEMENT MAROT.

Or eſt vray qu'apres plainctz & pleurs
Et angoiſſeux gemiſſemens,
Apres triſteſſes & douleurs
Labeurs & griefz cheminemens,
Travail mes lubres ſentemens
Aguyſa (ronds comme pelote)
Me monſtrant plus que les comments
Sur le ſens moral d'Ariſtote.

Voylà comment il me ſemble que l'Autheur l'entendoit.

ET vous ſuffiſe ce petit Amendement, pour vous rendre advertiz de ce que puys avoir amendé en mille autres Paſſaiges, dont les aucuns me ont eſté ayſés, & les autres tres difficilles. Toutesfoys, partie avecques les vieulx Imprimez, partie avecques l'Aide des bons Vieillards qui en ſçavent par cueur, & partie par deviner avecques Jugement naturel, a eſté réduict noſtre VILLON en meilleure & plus entiere Forme, qu'on ne la veu de noz Aages: & ce, ſans avoir touché à l'Antiquité de ſon Parler, à ſa Façon de rimer, à ſes meſlées & longues Parentheſes, à la Quantité de ſes Sillabes, ne à ſes Couppes, tant féminines, que maſculines; eſquelles Choſes il n'a ſuffiſamment obſervé les vrayes Reigles de Françoiſe Poëſie: & ne ſuys d'Advis, que en cela les jeunes Poëtes l'enſuyvent, mais bien qu'ilz cueillent ſes Sentences comme belles Fleurs, qu'ils contemplent l'Eſprit qu'il avoit, que de luy apreignent à proprement deſcrire, & qu'ilz contrefacent ſa Veine, meſmement celle dont il uſe en ſes Ballades, qui eſt vrayment belle &
héroï-

héroïque (2) : & ne fay doubte, qu'il n'euft emporté le Chapeau de Laurier devant tous les Poëtes de fon Temps, s'il euft efté nourry en la Court des Roys, & des Princes, là ou les Jugémens fe amendent, & les Langaiges fe polliffent.

QUANT à l'Induftrie des Lays qu'il feit en fes *Teftaments*, pour fuffifamment la congnoiftre & entendre, il fauldroit avoir efté de fon Temps à Paris, & avoir congneu les Lieux, les Chofes, & les Hommes, dont il parle : la Mémoire defquelz tant plus fe paffera, tant moins fe congnoiftra icelle Induftrie de fez Lays dictz. Pour cefte Caufe, qui vouldra faire une Oeuvre de longue Durée, ne preigne ainfi fon Soubject fur telles Chofes baffes & particulieres.

LE Refte des *Oeuvres* de noftre VILLON (hors cela) eft de tel Artifice, tant plain de bonne Doctrine, & tellement painct de mille belles Couleurs, que le Temps, qui tout efface, jufques icy ne l'a fçeu effacer. Et moins encor l'effacera ores, & d'icy en avant, que les bonnes Efcriptures Françoyfes font & feront myeulx congneues & recueillies que jamais.

ET pour ce (comme j'ay dit) que je n'ay tou-

---

(2) PATRU, dans fes *Remarques* fur celles de VAUGELAS, dit que VILLON, *pour la Langue, a eu le Goût auffi fin qu'on pouvoit l'avoir en ce Siecle*. Et Mr. Defpréaux, dans fon *Art Poëtique*, dit :

Villon fçût le premier, dans ces Siecles groffiers,
Débrouiller l'Art confus de nos vieux Romanciers.

R. de l'Ed. de 1723.

touché à son antique Façon de parler, je vous ay exposé sur la Marge, avecques les *Annotations*, ce qui m'a semblé le plus dur à entendre, laissant le Reste à voz promptes Intelligences: comme *ly Roys*, pour *le Roy*; *homs*, pour *homme*; *compaing*, pour *compaignon*: aussi force pluriers pour singuliers, & plusieurs autres Incongruïtez, dont estoit plain le Langaige mal lymé d'icelluy Temps.

Apre's, quand il s'est trouvé faulte de Vers entiers, j'ay prins peine de les refaire au plus près (selon mon possible) de l'Intention de l'Autheur : & les trouverez expressément marqués de ceste Marque †, afin que ceulx, qui les sçauront en la sorte que Villon les fist, effacent les nouveaulx pour faire place aux vieulx.

Oultre plus, les Termes & les Vers, qui estoient interposez, trouverez réduictz en leurs Places; les Lignes trop courtes, alongées; les trop longues, acourfies; les Motz obmys, remys; les adjoustez, ostez; & les Tiltres myeulx attiltrez.

Finablement, j'ay changé l'Ordre du Livre; & m'a semblé plus raisonnable de le faire commencer par le *petit Testament*, d'autant qu'il fut faict cinq Ans avant l'autre.

Touchant le *Jargon* (*a*), je le laisse à corriger & exposer (*b*) aux Successeurs de
Vil-

(*a*) *C'est-à-dire la XII Piece de ce Recueil, contenant* VI Ballades *rassemblées sous le Titre de* Jargon & Jobelin *de* Villon. R. d. l'Editeur de 1742.

(*b*) *On n'a pas non plus* corrigé, *ni* exposé, *ce* Jargon, *dans les nouvelles Editions de* 1723 & *de* 1742. R. de l'Ed. de 1742.

PROLOGUE DE CLEM. MAROT.

Villon en l'Art de la Pinſe & du Croq (c).

Et ſi quelqu'un d'adventure veult dire, que tout ne ſoit racouſtré ainſi qu'il appartient, je luy reſpons dès maintenant, que s'il eſtoit autant navré en ſa Perſonne, comme j'ay trouvé Villon bleſſé en ſes *Oeuvres*, il n'y a ſi expert Chirurgien, qui le ſceuſt penſer ſans Apparence de Cicatrice. Et me ſuffira, que le Labeur, qu'en ce j'ay employé, ſoit agréable au Roy mon Souverain, qui eſt Cauſe & Motif de ceſte Empriſe, & de l'Exécution d'icelle, pour l'avoir veu voulentiers eſcouter, & par tres bon Jugement eſtimer, pluſieurs Paſſaiges des Oeuvres qui s'enſuyvent.

HUITAIN DE MAROT AU ROY FRANÇOIS I.

SI en Villon on treuve encor' à dire,
S'il n'eſt réduit ainſi qu'ay prétendu,
A moy tout ſeul en ſoyt le Blaſme, Sire,
Qui plus y ay travaillé qu'entendu:
Et s'il eſt mieux en ſon Ordre eſtendu
Que paravant, de ſorte qu'on l'en priſe,
Le Gré à Vous en doyt eſtre rendu,
Qui fuſtes ſeul Cauſe de l'Entrepriſe.

(s) C'eſt-à-dire, l'Art de Filouterie. Ce Mot de Pinſe ſe trouve plus correctement écrit par Marot, dans ſon ingénieuſe Epiſtre au Roy pour avoir eſté desrobé, où l'on voit avec d'autant plus de Plaiſir ce Trait perçant contre les Friponneries des Financiers, qu'il y étoit moins attendu:
Car votre Argent, trop débonaire Prince,
Sans point de Faute, eſt ſujet à la *Pince*.
R. d. l'Ed. de 1742.

AVIS

AVIS
SUR L'EDITION
DES OEUVRES
DE VILLON,

Faite à Paris, chés Antoine-Urbain Cous-telier, en M. DCC. XXIII. in Octavo.

CETTE Edition est divisée en II Parties.

LA I renferme les *Oeuvres de* FRANÇOIS VILLON, selon l'Edition de CLÉMENT MAROT (a); avec cette Différence, que l'on a mis dans les Marges les *Diverses Leçons* tirées des Editions antérieures à celle de Marot.

LA II *Partie* contient les *Repues franches*, le
Mono-

(a) JEAN BERNIER attribue cette Edition à JEAN MAROT, Pere de CLE'MENT, & se trompe. Voïez son *Jugement & Observations sur les Oeuvres de Rabelais, ou le véritable Rabelais réformé*, pag. 427. *Rem. de l'Ed.* de 1742.

Monologue du Franc-Archier de Baignolet, & le *Dialogue des Seigneurs de Mallepaye & Baillevent*, tirez de l'Edition des *Oeuvres de Villon*, [faite à Paris,] chés Galiot du Pré, en 1532. On sçait, que ces Pieces ne sont point de Villon, mais de quelqu'un qui s'est diverti à mettre par écrit les Subtilitez attribuées à notre Poëte & à ses Compagnons, pour faire Bonne-Chere aux Dépens d'autrui (*a*).

Quant aux *Notes*, qui se trouvent au bas des Pages; celles, qui sont marquées par les *Lettres de l'Alphabet*, sont de Clément Marot; & celles, qui sont indiquées par des *Chiffres*, sont d'une autre Main (*b*).

Dans les *Diverses Leçons* qui sont aux Marges, l'Edition gotique de *Vérard* est marqué V; celle de *Niverd*, aussi gotique, N; celle de
Galiot

(*a*) Menagiana, *Tom. II*, *pag.* 518. Huetiana, *pag.* 59. Bernier, *pag.* 427. Biblioth. Franc. *Tom. II*, *pag.* 227. Lettre sur l'Edition de Villon de 1723, *ci-dessous III Partie*, *pag.* 84. R. de l'Ed. de 1742.

(*b*) Sçavoir, de Mr. Eusebe de Lauriere, *ancien Avocat au Parlement de Paris*, ainsi que l'écrivit Mr. de la Monnoie à Mr. le Duchat, le 6 d'Octobre 1725. Dans une *Lettre Critique*, inférée dans le *Mercure de France*, Février 1724, page 189 & suivantes, on prétend, *qu'il s'en faut bien, que celui, qui a rangé ces Notes, ait rempli ses Devoirs*; & que quelques-unes d'entre elles sont *tellement vicieuses, qu'elles donnent des Définitions fausses, prennent le Contre-Sens de ce que l'Auteur dit clairement, ou changent des Verbes en Noms substantifs, au Préjudice des Regles de la Grammaire les plus triviales*. R. d. l'Ed. de 1742.

Galiot du Pré, G. d. P ; & les autres font énoncées tout au long (*a*).

(*a*) Outre les *II Parties* de cette Edition de 1723, dont il est parlé dans cet Avis, il y en a une *III*, consistant en une *Lettre à Mr. de* ***, *en lui envoïant la nouvelle Edition des Oeuvres de* François Villon: & cette *Lettre*, qui est proprement une *Dissertation Critique concernant la Vie & les Ouvrages de Villon*, & qui n'est pas toûjours aussi éxacte qu'il seroit à souhaiter, comme le prouvera suffisamment le peu de *Remarques* qu'on a cru devoir y ajouter, releve extraordinairement le Mérite de cette Edition: mais, dans l'Extrait qu'en a donné la *Bibliotheque Françoise*, Tome II, pages 226-236, on observe avec beaucoup de Raison, page 227, *qu'il y reste encore bien des Endroits qui méritent d'être éclaircis.* R. de l'Ed. de 1742.

AVERTISSEMENT

SUR CETTE

NOUVELLE EDITION

DE M. DCC. XLII.

ON a pu remarquer dans l'*Epitre Dédicatoire* de ce Volume, que c'eſt à Monſieur FORMEY, Profeſſeur en Philoſophie à Berlin, que le Public eſt redevable des *Remarques de Mr.* LE DUCHAT *ſur les Oeuvres de* FRANÇOIS VILLON.

EN les ajoutant à cette nouvelle Edition de cet agréable Poëte, auſſi-bien que celles que ſon nouvel Editeur a cru qu'il étoit à propos d'y joindre, on n'a rien voulu changer à la Diſpoſition indiquée ci-deſſus dans le PROLOGUE & dans l'AVIS qu'on vient de lire: & l'on s'eſt contenté de diſtinguer ces *nouvelles Remarques* des anciennes, par des Caracteres Italiques (*a*), (*b*), (*c*), (*d*), &c. Ainſi,

Les † indiquent toûjours les *Vers refaits par* MAROT:

Les *, les *Diverſes Leçons* des différentes Editions:

Les *Lettres Romaines* (a), (b), (c), (d), &c., les *Remarques de* MAROT:

Les

Les *Chiffres* (1), (2), (3), (4), &c., les *Remarques de Mr.* DE LAURIERE : & enfin,

Les *Lettres Italiques* (*a*), (*b*), (*c*), (*d*), &c., les *Remarques de Mr.* LE DUCHAT; avec cette Différence néanmoins, que celles, qui finissent par *Ad.* ou *R. d. l'E.* sont augmentées ou fournies par l'*Editeur* de cette présente Edition.

CES différens Caracteres de Renvoi sont toûjours exactement placés immédiatement après les Sens complets à expliquer ou éclaircir ; & les *Remarques*, qui les expliquent, sont disposées à la Marge dans le même Ordre qu'ils occupent dans le Texte ; en sorte qu'elles se trouvent naturellement arrangées selon l'Ordre dans lequel elles doivent être lûes.

AFIN de faciliter les fréquens *Renvois* de ces diverses Remarques à quantité d'Endroits postérieurs qu'elles concernent, on a pris soin de distinguer, par des Nombres Romains I, II, III, IV, &c., les *Huitains*, *Dixains*, & *Quatrains*, tant du *petit* & du *grand Testament* de notre Poëte, que des diverses *Ballades* qui sont incorporées dans le dernier ; & cela, parce que ces *Renvois* ne se pouvant nullement dénoter par Pages, il a fallu de toute Nécessité recourir à quelque autre Voie pour les pratiquer commodément.

ON a de plus ajouté des *Titres courans*, tant pour les *Pieces* mêmes, que pour les *Diverses Leçons* & les *Remarques* : & dans les *Tables*, outre qu'on a rectifié & augmenté celle des *Familles de Paris*, on a fait en sorte que

que celle des *Pieces* fît appercevoir d'un Coup d'Oeil toute l'Oeconomie du *grand Testament*, duquel, sans cela, l'on a d'abord assez de Peine à se former une juste Idée, vû les différens Morceaux dont il se trouve entre-couppé.

DE-MEME que MAROT & Mr. DE LAURIERE, on n'a, ni *corrigé*, ni *exposé*, le *Jargon & Jobelin de* VILLON; mais, on l'a fait suivre par un *Fragment* d'une de ses *Ballades* perdue, communiqué autrefois par Mr. Baluze à Mr. de la Monnoie, & par celui-ci à Mr. le Duchat, qui l'a accompagné de ses *Remarques*: & l'on s'est fait un vrai Plaisir de terminer ainsi, par quelque-chose de plus intéressant que ce *Jargon*, le *Recueil des* véritables *Oeuvres de* VILLON.

QUANT à celles, qu'on lui a gratuïtement attribuées, telles que les *Repues franches*, le *Franc-Archier de Baignollet*, & autres semblables; quelque Cas qu'en fassent encore aujourd'hui certains Curieux, on n'a pas crû qu'elles valussent la Peine d'être *corrigées* ni *exposées*: &, à quelques *à-lineâ* près dont on les a entre-couppées, on s'est contenté de les reproduire telles qu'on les avoit reçues.

COMME on avoit trouvé bon de joindre à l'Edition de M. DCC. XXIII. une *Lettre Critique*, concernant ses *Avantages* sur les précédentes, on a cru pouvoir en ajouter de même ici une semblable, concernant quelques-unes de ses *Inéxactitudes*; & cela, afin que les Lecteurs fussent parfaitement instruits de la Nature & du Caractere particulier de cette Edition.

SES

SUR LA PRESENTE EDITION.

SES *Fautes d'Impression*, qui n'étoient pas en petit Nombre, ont soigneusement été corrigées ici: sa *Ponctuation*, souvent fort irréguliere, a semblablement été rectifiée, tant sur les Observations de Mr. le Duchat, que sur celles du nouvel Editeur; & ce dernier a cru devoir faire suivre ce présent *Avertissement* par un *Abrégé de la Vie de Villon*, tiré particuliérement de ses Ecrits.

MEMOIRES
TOUCHANT
VILLON,
SES OUVRAGES,
ET LEURS EDITIONS,

Tirez principalement de ses Ecrits par l'Editeur de la présente Edition de 1742.

FRANÇOIS VILLON, ainsi qu'il se nomme lui-même dans tout le Cours de ses *Poësies* (*a*), & non pas CORBUEIL surnommé WILLON, comme l'a mal-à-propos avancé Fauchet (*b*), & l'ont après lui soutenu vingt autres

(*a*) Oeuvres de Villon, Petit Testament, *Huitains I, XXIX, & Fin*. Grand Testament, *Huitains LXXVI & Note* (*d*), *CLII, CLXII, CLXXI, & Fin*. Requeste au Duc de Bourbon, *pag.* 204.
(*b*) Claude Fauchet, Origine des Chevaliers, Armoiries, & Héraux, *pages* 80 & 81, où il ajoute, que GUILLON & WILLON sont un même Mot, parce qu'anciennement B & les deux W se prononçoient de même : *Conclusion louche, & peu convenable à ces deux Mots, dans lesquels le B n'entre point.*

autres (*a*), étoit né de Parens d'assez médiocre Etat (*b*) ; ou à Pontoise, selon les uns (*c*) ; ou à Auvers près de Pontoise, selon les autres (*d*) ; mais, plus probablement à Paris, selon lui-

(*a*) Ménage, Diction. Etymolog. *au Mot* GUILLE, *où il copie* Fauchet, *& aux Mots* VILLON, VILLONNER, VILLONNERIE, *où il ajoute quelques nouvelles Particularitez, & réfute* Pasquier, Bellingen, *&* Borel. Huëtiana, *pag.* 61. Bernier, Jugem. sur Rabelais, *pag.* 423. Le Duchat, Remarq. sur Rabelais, *Livre IV*, *Chap.* LXVII, *pag.* 285. Brossette sur Boileau, *Tom. II*, *pag.* 18. Le Clerc, Biblioth. du Richelet, *pag.* cvij. *Mais, sur-tout, le dernier* Morery *de* 1740, *qui place* VILLON *sous le Mot* CORBUEIL ; *& cela, contre l'Autorité du* Recueil des Poëtes François depuis Villon jusqu'à Benserade, *la seule néanmoins & unique qu'il cite ; & même contre la sienne propre, vû qu'il reconnoît à deux Lignes de-là, que rien n'est plus faux, & que le Pere de notre Poëte se nommoit* Guillaume Villon, *ce qui n'est pas plus vrai. D'ailleurs, il prête fort infidélement à ce* Recueil *des Particularitez contradictoires, qui ne s'y trouvent nullement : & il le copie avec si peu d'Attention, & avec une telle Négligence, qu'il renvoïe, tout ainsi que lui, à la page* 40 *de ce Livre ; ce qui forme un Sens, non-seulement ridicule & absurde, mais même absolument faux & inutile, la Page* 40 *du Volume où il s'exprime ainsi ne contenant que des Articles commençant par la Sillabe* DEC. *Mais, c'est ainsi qu'est revue & corrigée cette Edition, la plus ample à la vérité, mais en même tems peut-être la plus inéxacte de toutes.*

(*b*) Gr. Test. *Huitt.* XXIII, XXXV, XXXVI, XLI*, CLXII, XVIII *Rondeau*, &c.

(*c*) La Croix du Maine, Bibliotheque Françoise, *pag.* 107.

(*d*) Fauchet, *copié par beaucoup d'autres, de même que ci-dessus.*

lui-même, & ſes propres Ecrits (*a*): & certainement en 1431, affirmant très poſitivement lui-même, qu'il étoit âgé de trente Ans en 1461 (*b*).

Aïant perdu ſon Pere fort jeune, il eut le Bonheur d'être aſſez bien élevé par Guillaume Villon, ſon Parent (*c*), mais non pas ſon Pere, comme l'ont mal-à-propos avancé pluſieurs Auteurs (*d*): & il profita ſi bien de ſes Etudes, quoiqu'aſſez négligées (*e*), que Clément Marot, & Henri Etienne, tous deux excellens Juges en fait d'Ouvrages d'Eſprit, le regardoient, l'un comme *le meilleur Poëte & le plus digne d'emporter le Chapeau de Laurier devant tous* ceux *de ſon Temps*, & l'autre comme *un des plus éloquens* de ce Tems-là (*f*). Etienne Paſquier n'en jugeoit pas ſi favorablement, ne lui accordant *qu'un Sça-*

(*a*) Pet. Teſt. *à la Fin.* Gr. Teſt. *Huitain XCII.* Epitaphes, *pages* 192, 193, &*c. Voïez auſſi* Marot, Paſquier, Bellingen, &*c. D'ailleurs, la plûpart des Lieux, que* Villon *cite dans ſes Ouvrages, ſont des Endroits notables de cette Capitale du Roïaume.*

(*b*) Gr. Teſt. Huitt. I, XI. *C'eſt donc bien mal-à-propos, que* Louïs Guyon, Diverſes Leçons, Tom. III, *pag.* 492, *le fait vivre ou fleurir en* 1540.

(*c*) Gr. Teſt. Huitt. *XXXVIII & Note* (*b*), *LXXVI & Note* (*d*).

(*d*) Table des Familles de Paris, *ci-deſſous pag.* 189. Huëtiana, *pag.* 61. Le Duchat *ſur le LXXVI Huit. Note* (*d*).

(*e*) Gr. Teſt. Huit. XXVI, *rempli de Bon-Sens, & l'un des meilleurs de tout le Livre.*

(*f*) Marot: *voïez ci-deſſus ſon Prologue pages j, viij,* &*c.* Henri Etienne, Apologie pour Hérodote, *pag.* 352. Fauchet, *pag.* 81, *dit de même, que c'eſt* un de nos meilleurs Poëtes Satiriques.

Sçavoir *qui ne gifoit qu'en Apparence*, accompagné néanmoins *d'un affez bel Efprit* (*a*) : & Antoine du Verdier en penfoit beaucoup plus mal encore, n'aïant fait aucune Difficulté d'avancer fur fon Sujet, qu'il *s'efmerveilloit comment* Marot *avoit ôfé loüer un fi goffe Ouvrier & Ouvrage, & faire Cas de ce qui ne vault rien*, vû que *quant à lui il n'y a trouvé Chofe qui vaille* (*b*). Mais, un Jugement fi févere, fi dur, & *fi goffe*, pour me fervir de fes propres Termes, n'a été fuivi d'aucune Perfonne de bon Goût. Bien loin de-là, tous les Critiques, qui ont parlé depuis de cet ingénieux & agréable Poëte, en ont jugé beaucoup plus équitablement, & même très avantageufement (*c*). En effet, pour peu qu'on ait lû avec quelque Attention ce qui nous refte de fes Ouvrages, on ne fauroit raifonnablement difconvenir, qu'il n'eut reçu de la Nature un Génie tout-à-fait heureux pour la *Poëfie* ; non point *baffe & comique*, comme l'avance trop in-

(*a*) Pafquier, Recherches de la France, *Livr. VIII, Chap. LX, pag.* 784, *où l'on écrit mal*, *n'y avoir que* trop de Villons pour fçavoir, *au lieu de* décevoir.

(*b*) Du Verdier, Bibliotheque Françoife, *pag.* 422.

(*c*) Fauchet, Patru, Ménage, Richelet, Boileau, Huët, Bernier, de Lauriere, les Journaliftes de Trevoux, la Bibliotheque Françoife, Niceron, le Motteux, Lenglet, le Duchat, *& fur-tout la* II *Lettre Critique inférée ci-deffous dans la* III *Partie, qui le comble de Louänges, & paroit même outrer le Panégyrique.*

inconsidérément Madame d'Aulnoy (a); mais *naïve, enjouée, & badine*, comme le remarquent plus judicieusement, & plus équitablement, l'Auteur de l'Extrait ou de la Notice des Ouvrages de Villon inférée dans la *Bibliotheque Françoise*, & celui de la *II Lettre Critique* inférée dans la III Partie de ce Volume (b).

Peu soigneux de cultiver de si heureuses Dispositions, & se livrant sans mesure à son Tempérament vif & voluptueux, il se jetta impétueusement dans la Débauche, &, par une Suite naturelle & presque inévitable, de la Débauche dans la Friponnerie, ou, pour parler comme on s'exprimoit alors, dans la *Villonnerie* (c), en laquelle il *devint* bien-tôt *un Maître passé & superlatif*, surpassant, *en Subtilité de Coupe-&-Happe-Bourse, tous ceux de la France* & de son Tems (d): ce qui ne lui fit pourtant point donner le Surnom de *Villon*, comme se le sont trop légérement persuadé divers Ecrivains (e), puisque c'étoit incontestablement celui de sa Famille, ainsi qu'on l'a prou-

(a) Recueil des Poëtes François depuis Villon jusqu'à Benserade, *Tom. I, Article de* Villon.

(b) Biblioth. Franç. *Tom. II, pag.* 234, & II Lettre Critique, *pag.* 89.

(c) *Insignem Impostorem Ætas Parentum nostrorum vidit* Franciscum Villionum. Budæus, *in* Annotationibus in Pandectas, *folio* 182; *ce que répete* Denis Godefroy, *Par.* 2. *ad Leg.* 4. *Dig. de Ædilitio Edicto.* Marot, Pasquier, Fauchet, Guyon, Bellingen, Huët, Ménage, Bernier, Broffette, le Duchat sur Rabelais, le Motteux, *& autres.*

(d) Pasquier & Guyon.

(e) Fauchet, Guyon, Borel, Ménage, Bernier, *&c.*

prouvé ci-deſſus, Page xviij, Citation (*a*), ni, tout au contraire, donner ſon Nom à toute la Bande criminelle de ſes Confreres, ainſi que l'ont tout auſſi gratuïtement débité divers autres (*a*) : mais, le fit bien-tôt tomber entre les Mains de la Juſtice, pour quelque Vol, ou autre mauvais Trait, probablement exercé à Ruël (*b*); empriſonner, conſéquemment, au Chatelet de Paris (*c*) ; &, enfin, condamner à être pendu, avec cinq autres de ſes Compagnons, tout auſſi honnêtes Gens que lui (*d*).

BIEN lui prit alors d'avoir de l'Eſprit, & d'avoir ſçu s'en ſervir ; car, aïant fort à propos appellé de la Sentence du Chatelet au Parlement, comme il paroit par divers Endroits de ſes Ecrits (*e*), cette Cour Souveraine le tira gracieuſement de ce mauvais Pas, en commuant la Peine de Mort en celle de ſimple Banniſſement (*f*) : &, pour lui en témoigner vive-

(*a*) Paſquier, Borel; Fleury de Bellingen, Etymol. ou Explic. de Proverbes François, *ſur le Proverbe* Tour de Villon ; le Motteux, Remarques ſur Rabelais ; &c.

(*b*) Gr. Teſt. *XVI Ballade*, *pag.* 160 ; *& II Ballade du* Jargon, *Huitt. I & II.*

(*c*) Pet. Teſt. *Huitt. XVI & XXII.* Le Duchat ſur Rabelais, *Livr. IV*, *Chap. LXVII*, *pag.* 285. Broſſette ſur Boileau, *& autres.*

(*d*) Epitaphes de Villon, *pages* 190-194. Appel de Villon, *pag.* 197. Paſquier, Fauchet, Bellingen, Bernier, le Duchat ſur Rabelais, Broſſette, *& autres.*

(*e*) Gr. Teſt. Rondeau XVIII, *pag.* 176. Appel de Villon, *pages* 195-197. Paſquier, Ménage, Huët, Bernier, le Duchat ſur Rabelais, Broſſette, *& autres.*

(*f*) Gr. Teſt. Rond. XVIII, *pag.* 176. Ballade à la Court, *Str. I & IV*, *pages* 98, 200. Ménage, Huët, Bernier, le Duchat ſur Rabelais, & Broſſette, *qui prétend, mais gratuïtement, je penſe, que ce fut* en faveur de ſon Génie pour les Vers.

vivement fa Reconnoiſſance, il lui adreſſa particuliérement une de ſes Ballades (a).

Echappé de cette forte de ce Danger, il ſe retira à Saint-Genou près de Saint-Julien, *Marches de Bretaigne ou Poictou*, comme il s'exprime lui-même (b), & y continua probablement ſon mauvais Train & ſon Libertinage, vû la Deſcription qu'il fait de certaines Créatures des Environs des ces Endroits-là (c): & peut-être y compoſa-t-il ſon *Petit Teſtament*, certainement écrit en 1456 (d).

Quoiqu'il en soit, entrainé par ſon extrême Panchant à la Friponnerie, il ne tarda pas à retomber dans le Crime, & fut empriſonné de nouveau; non pas à Melun, par Ordre de Jacques Thibaut d'Auſſigny, Juge de ce Lieu, comme le veut & le ſoutient de toutes ſes Forces l'Auteur de la *II Lettre Critique* inſérée dans la III Partie de ce Volume (e), & après lui le Pere Niceron (f); mais, à Mehung ou Meun ſur Loire, par Ordre de ce même Jacques Thibaut d'Auſſigny, réellement Evêque d'Orléans, & par con-

---

(a) *La VII Piece de ce Volume, intitulée* Requeſte à la Court de Parlement, *pages* 198-200.
(b) Gr. Teſt. *Huitain* XCIII.
(c) *Là-même.*
(d) Pet. Teſt. *Huitt.* I & XXIX. Gr. Teſt. *Huit.* LXIV.
(e) *Pages* 55-57. *Voïez auſſi* Gr. Teſt. *Huit.* I, Remm. (a) & (b), & Huit. II, Rem. (b).
(f) Mémoires pour ſervir à l'Hiſtoire des Hommes illuſtres dans la République des Lettres, *Tom.* V, *pages* 206-215, *où il n'a fait qu'abréger la Lettre précédente.*

conséquent Supérieur Ecclésiastique de Meun, Ville de ce Diocese (*a*), comme le prétend plus véritablement, & le prouve même très bien, Mr. le Duchat, dans ses Remarques (*b*): & cela, assez vraisemblablement, comme il me paroit, pour quelque Vol d'Eglise ou de Sacristie, ou pour quelque autre Cas Ecclésiastique.

Plus heureux que sage, il fut délivré de cette nouvelle Prison, au bout d'environ trois Mois, l'An 1461; & cela, par la Protection particuliere de Louïs XI, revenu tout nouvellement de Flandres, pour succéder à Charles VII son Pere (*c*). Par un de ces Rafinemens trop ordinaires à l'Esprit commentateur, Mr. le Duchat s'est imaginé, peut-être un peu trop malignement, que cette Délivrance n'étoit dûe qu'au seul *secret Plaisir que trouvoit ce Prince à renverser, autant qu'il le pouvoit, tout ce qui s'étoit fait sous le Regne de son Pere* (*d*). Mais, il seroit, ce me semble, plus naturel de l'attribuër tout simplement, ou à l'Intercession de quelque Grand, Protecteur de notre Poëte, tel que le Duc de Bourbon (*e*); ou à la Coutume qu'ont les Rois de délivrer certains

---

(*a*) Gr. Test. *Huitt.* I, XI, LXII, LXIII, LXIV, CXXXIX, & *leurs Remarques.*
(*b*) & *particuliérement dans la prémiere sur le 6 Vers du I Huitain du* Grand Testament.
(*c*) Gr. Test. *Huit.* XI, Pasquier, & *autres.*
(*d*) Le Duchat, *Rem.* (*a*) *sur le 6 Vers du Huit.* I *du* Grand Testament.
(*e*) *Voïez la* Requeste *de Villon à ce Prince, ci-dessous, pages* 204-206.

tains Prisonniers, lors de leur Avénement à la Couronne. Quoiqu'il en soit, VILLON n'oublia pas de témoigner aussi vivement qu'ingénieusement sa Reconnoissance à ce Prince en plus d'un Endroit de son *Grand Testament* (a), le principal & le plus intéressant de ses Ouvrages, composé tout aussi-tôt cette même Année 1461 (b).

C'EST-

(a) *Voïez-en les Huitains VII, VIII, IX, & XI.*
(b) Grand Testament, *Huitains I & XI.*
SELON MR. LE DUCHAT, *Remarques sur Rabelais*, Livre IV, Chapitres XIII & LXVII, ce fut aussi-tôt après cette Délivrance, que Villon se retira à Saint-Maixent en Poitou, & de-là en Angleterre. Mais, selon RABELAIS lui-même, dans ces mêmes Chapitres, ce fut d'abord à Bruxelles, & puis en Angleterre, où, devenu fort familier du *Roy Edouärt le Quin*, qui étoit déjà *sus ses vieulx Jours*, & qui l'avoit, dit-il, *en si grand Privaulté receu, que rien ne luy céloit des menues Négoces de sa Maison*, il ôsa reprocher à ce Prince sa Poltronnerie par une fort vilaine & fort grossiere Application : & ce ne fut que *sus ses vieulx Jours*, qu'il se retira à St.-Maixent, où, voulant *faire jouër la Passion en Gestes & Languaige Poictevin, pour donner Passe-Temps au Peuple*, & n'aïant pû obtenir pour cet Effet de *Frere Estienne Tappecoue, Sécrétain des Cordeliers du Lieu, une Chappe & une Estolle pour ung vieil Païsan qui joüoit Dieu le Pere*, il se vengea très cruellement du Refus de ce pauvre Moine, en épouvantant tellement sa Poultre ou Monture, qu'elle le fit misérablement périr, en le renversant par ses Secousses & Ruades, & en le *trainant à escorche-cul par les Hayes, Buissons, & Fossez ; de mode qu'elle lui cobbit toute la Teste, si que la Cervelle en tomba, puis les Bras en Pieces, l'ung çà, l'autre là, les Jambes de mesme, puis des Boyaulx fit un long Carnaige ; en sorte que la Poultre, au Couvent arrivante,*

C'est-là tout ce qu'on sait de certain de la Vie

rivante, *de luy ne portoit* plus *que le Pied droit & Soullier entortillé.* Mais, n'en déplaise à tous ceux qui ont trop facilement adopté ces Particularitez comme certaines, tels que Ménage, Huët, Bernier, le Duchat, du Cerceau, les Journalistes de Trevoux, la Bibliotheque Françoise, & le Pere Niceron, ce ne sont-là sans doute, non plus que le violent Rabrouäge du même Villon à Xerxès, devenu Vendeur de Moutarde en Enfer, que de pures Plaisanteries mal concertées de Rabelais, qui n'a pas même pris soin d'y observer le Tems, ni d'y conserver la Vraisemblance. En effet, l'horrible Méchanceté pratiquée envers le Moine Tappecoue, beaucoup plus convenable à quelque jeune Étourdi, qu'à un Homme parvenu à *ses vieulx Jours*, auroit été un Crime capital, incomparablement plus digne de la Corde & du Gibet, que toutes ses Friponneries & tous ses Vols réünis ensemble : & le sot Conte concernant le Roi d'Angleterre est une Impertinence, qui ne sauroit convenir; ni à *Edouärd IV*, Prince très vaillant, qui d'ailleurs ne parvint point à *ses vieulx Jours*; ni à *Edouärd le Quin*, son Fils, qu'on sçait n'avoir régné que deux Mois, & avoir été cruellement étouffé par Richard III son Oncle, presque au sortir de l'Enfance ; & encore moins à *Edouärd VI*, long-tems avant le Regne duquel Villon n'éxistoit déjà plus. Mais, le railleur & satirique Rabelais n'y prenoit pas garde de si près : &, trop content de débiter malignement ses Plaisanteries burlesques & caustiques, il ne s'embarassoit guere, ni de Vraisemblance, ni de Chronologie. BERNIER s'est bonnement imaginé, que ce fut cette prétendue Insolence de Villon, qui le fit chasser d'Angleterre, & qui lui procura enfin le Moïen de rentrer en Grace en France, où il se fixa à Saint-Maixent ; & cela marque au-moins, qu'il a crû, ainsi que Rabelais, que Villon ne s'y étoit retiré que *sus ses vieulx Jours*. Mais, outre que la prétendue Avanture du Moine,

Vie du fameux VILLON. Guillaume Colletet, qui le place fous l'Année 1482, dans fon *Hiſtoire* manuſcrite *des Poëtes François anciens & modernes*, indiquée par le Pere le Long, dans ſa *Bibliotheque Hiſtorique de la France*, pag. 885, pourra peut-être à l'avenir nous apprendre à cet Egard quelques Particularitez nouvelles. En attendant, ſi l'on peut faire quelque Fonds ſur ce que, dans les Huitains CLX—CLXII du *Grand Teſtament*, Villon ordonne ſa Sépulture & ſon Epitaphe à Sainte-Avoie, Couvent de Béguines dans la Rue de même Nom à Paris; il eſt aſſez vraiſemblable, qu'il paſſa le Reſte de ſes Jours dans cette grande Ville, & qu'il y mourut vers la Fin du XV Siecle, ou le Commencement du XVI. A la vérité, la *Bibliotheque Françoiſe*, Tome II, page 230; la *II Lettre Critique* inſérée dans la III Partie du préſent Volume, page 89; & le Pere Niceron, *Mémoires pour ſervir à l'Hiſtoire des Hommes illuſtres dans la République des Lettres*, Tome V,

pa-

ontrée ſans doute par Rabelais ainſi que tout ce qu'il débite, dénoteroit bien plûtôt une Eſpieglerie d'Ecolier ſans Jugement, qu'une Vengeance de Vieillard penſant & ruſé, le *Grand Teſtament* de Villon, écrit dès 1461, lorſqu'il n'avoit encore que trente Ans, & où il parle Huitains XCII & XCIII de ſon Séjour en Poitou, prouve ſuffiſamment, que ce fut d'aſſez bonne heure, & immédiatement après ſon Banniſſement de Paris en 1456, qu'il ſe retira dans cette Province: d'où il eſt fort naturel de concevoir, qu'il vint commettre dans l'Orléanois quelque Sacrilege, qui le fit de nouveau renfermer à Meung, par Ordre de l'Evêque d'Orléans, des Priſons duquel Louïs XI le délivra enfin.

MEMOIRES TOUCHANT VILLON. XXIX

pages 211, 212; prétendent, que ce fut *à Saint-Maixent en Poitou*, où, selon Rabelais, Villon *s'étoit retiré fus fes vieulx Jours, foubz la Faveur d'ung Homme de Bien, Abbé du dict Lieu.* Mais, comme je viens de le faire voir, il n'y a pas grand Fonds à faire fur un pareil Témoignage; & c'eft fur quoi, l'on ne peut abfolument rien affirmer de certain.

Les Ouvrages de Villon, connus, & recueillis dans ce Volume, font:

I. Le Petit Testament, [en XXIX Huitains.]   Pages 3-22.
II. Le Grand Testament, [en CLXXII Huitains, parmi lefquels font entre-mélées les Pieces fuivantes.]   23-184.
     I. *Ballade des Dames du Temps jadis.* 47.
     II. *Ballade des Seigneurs du Temps jadis.* 50.
     III. *Ballade fur le mefme Sujet, en vieil Langage.*   53.
     IV. *Les Regretz de la belle Heaulmyere.* 60.
     V. *Ballade de la belle Heaulmyere aux Filles de Joye.*   67.
     VI. *Double Ballade aux Filles de Joye.* 73.
     VII. *Ballade de Villon à la requefte de fa Mere, pour prier Noftre-Dame.*   93.
     VIII. [*Ballade de Villon à s'Amye.*] 99.
     IX. *Rondeau fur la Mort.*   102.
     X. *Ballade en forme d'Oraifon.* 124.
     XI. *Ballade à un Gentilhomme nouvellement marié.*   135.
     XII. *Ballade*, En reagal, en arcenic rocher.   139.
     XIII. *Les Contredictz de Franc-Gontier, Ballade.*   144.

XIV. *Ballade des Femmes de Paris.* 148.
XV. *Ballade*, *Si je ayme & fers la belle.*
  153.
XVI. *Belle Leçon aux Enfans perdus.* 160.
XVII. *Ballade de bonne Doctrine à ceux de mauvaise Vie.* 162.
XVIII. *Rondeau sur luy-mesme.* 176.
XIX. *Ballade par laquelle Villon crie mercy à chacun.* 181.
[*Table des Noms des Familles de Paris nommées dans ces deux* TESTAMENTS.] 185.

III. Quatrain de VILLON, lorsqu'il fut jugé à mourir. 190.
IV. [Huitain sur le mesme Sujet.] 191.
V. Epitaphe [en forme de Ballade,] que feit VILLON pour luy & pour ses Compaignons. 192.
VI. Ballade de l'Appel de VILLON. 195.
VII. Requeste en forme de Ballade, présentée à la Court. 198.
VIII. Le Débat du Cœur & du Corps de VILLON, en forme de Ballade. 201.
IX. Requeste de VILLON à Monseigneur de Bourbon. 204.
X. Ballade, *Tant grate Chievre que mal gist.* 207.
XI. Autre, *Je congnois bien Mouches en Laict.* 209.
XII. Le Jargon & Jobelin de VILLON, [en VI Ballades.] 211.
[Fragment d'une Ballade contre les Taverniers.] 223-225.

OUTRE toutes ces Pieces réellement existantes, on a encore attribué à VILLON:
I. Un *Codicille*, dont il n'est parlé que dans
le

le Titre de la troisieme des *Editions* de ses Oeuvres que je vais indiquer.

II. Des *Comédies sur les principaux Evénemens de la Vie de Noſtre Seigneur*, lesquelles *il faiſoit*, dit on dans l'*Huëtiana*, page 62, *ſelon la Mode de ſon Tems*, & *ſe repréſentoient dans les Cimétieres des Egliſes, aux principales Feſtes de l'Année*. Mais, outre que cela n'eſt apparemment fondé que ſur la prétendue *Paſſion en Langaige Poictevin*, qu'on vient de voir que Rabelais lui prête, cette Anecdote ne ſe trouve que dans un de ces Recueils indiſcrets, où l'on impute trop libéralement, à ceux ſous les Noms deſquels on les met, quantité de Choſes auxquelles ils n'ont jamais penſé; & cela ſuffit pour ne la point admettre.

III. Le *Rommant du Pet au Diable*, dont Villon parle lui-même dans le LXXVII Huitain de ſon *Grand Teſtament*, n'eſt pas, à la vérité, ſujet au même Reproche. Mais, quoiqu'en diſe Mr. le Duchat, ce *Rommant*, auſſi bien que la *Librairie* léguée-là par Villon à ſon Oncle, ne ſont apparemment que de ſimples Plaiſanteries, non plus que la plûpart des autres *Legs* de ſes deux prétendus *Teſtaments*.

Le Pere Niceron, *Mémoires pour ſervir à l'Hiſtoire des Hommes illuſtres dans la République des Lettres*, Tome V, page 213, a trouvé, qu'*il ſeroit difficile, & même inutile, de donner un Détail de toutes les Editions des* Poëſies de Villon : mais, ne me trouvant point en cela de ſon Avis, j'ajouterai ici une *Notice*
de

de ces Editions, auſſi complete que la Négligence & l'Inéxactitude des Bibliothécaires a pû me le permettre.

I. Poëſies de Maiſtre FRANÇOIS VILLON: *à Paris, chés Antoine Verard, ſans Date, en Caracteres gothiques, in...*
Edition citée dans tout le Cours de celles de 1723 & 1742.

II. Poëſies de Maiſtre François Villon : *à Paris, chés Guillaume Nyverd, ſans Date, en Caracteres gothiques, in...*
Citée de même.

III. Le grand Teſtament de François Villon, le petit Teſtament du meſme, ſon Codicille, ſon Jargon, & ſes Ballades: *ſans aucune Indication d'Impreſſion, en Caracteres gothiques, in folio.*
Catalogue de Bourret, page 130.

IV. Oeuvres de Maiſtre François Villon, Plus les Repues franches, le Monologue du Franc-Archier de Baignolet, & le Dialogue des Seigneurs de Malepaye & de Baillevent: *à Paris, chés Galliot du Pré, 1532, in 16.*
Citée dans l'*Avis* ci-deſſus, & dans tout le Cours des Editions de 1723 & 1742.
Bibliotheca Bigotiana, *Num.* 5596, in 8º.
Biblioth. Hohendorff. *Tom. III, pag.* 144.
Biblioth. Comit. de Hoym, *pag.* 234.

V. Oeuvres de Maiſtre FRANÇOIS VILLON, contenant ſes deux Teſtaments, enſemble pluſieurs Ballades & autres Poëſies, fies, & les Finesses & Tromperies dudict Villon; reveues & remises en leur entier par CLÉMENT MAROT, Varlet de Chambre du Roi, avec ses Notes marginales: *à Paris, chés Galliot du Pré*, 1533, *in* 16°.

 La Croix du Maine, Bibliotheque Françoise, *pag.* 107.

 Du Verdier, Bibliotheque Françoise, *pag.* 442.

 Draudii Bibliotheca Exotica, *pag.* 200.

 Niceron, Mémoires, *Tom. V*, *pag.* 213.

VI. Oeuvres de Villon, reveues par Clément Marot, avec ses Notes: *à Paris, chés Galliot du Pré, sans Date, in* 8°.

 Catalogue de Cangé, *pag.* 69.

VII. Oeuvres de Villon, reveues par Clément Marot, avec ses Notes: *à Paris, chés les Angeliers, sans Date, in* 16°.

 Biblioth. Comit. de Hoym, *pag.* 244.
 Voïez ci-dessous *pag.* 57.

VIII. Oeuvres de Villon: *à Paris, chés J. Longis, in* 16°.

 Voïez ci-dessous *pag.* 16.

IX. Oeuvres de Villon: *à Paris, chés Jean Bignon, in* 16°.

 Catalogue de Cangé, *pag.* 69.

X. Oeuvres de François Villon, de Paris, reveues & remises en leur entier par Clément Marot, Valet de Chambre du Roy, avec ses Notes marginales: *à Paris, chés Ambroise Gyrault,* M. D. XLII., *in* 16°, lv *Feuillets*.

Edition fort inéxacte, où le *Jargon & Jobelin* en VI Ballades ne se trouve point, ni peut-être dans les Editions précédentes revûes par Marot.

XI. Les Oeuvres de FRANÇOIS VILLON, [avec les Notes de CLÉMENT MAROT, les Diverses Leçons des précédentes Editions, & les Remarques de Mr. EUSEBE DE LAURIERE. Plus, les Repues franches, le Monologue du Franc-Archier de Baignolet, le Dialogue des Seigneurs de Malepaye & Baillevent, trois Ballades, & enfin une *Lettre Critique* sur cette nouvelle Edition:] à Paris, chés *Antoine Urbain Couſtelier*, 1723, *in* 8°.

On peut voir le Jugement qu'en ont porté les *Mémoires de Trevoux*, Septembre 1723, pages 1554—1563; & la *Bibliotheque Françoise*, Tom. II. pagg. 226.-236.

XII. Oeuvres de François Villon, avec les Remarques de diverses Personnes [MAROT, DE LAURIERE, LE DUCHAT, & le nouvel EDITEUR; toutes les Pieces de la précédente Edition; &, de plus, une nouvelle *Lettre Critique* sur cette Edition, un nouveau Fragment de Villon, & des Mémoires sur sa Vie, ses Ouvrages, & leurs différentes Editions:] à la Haie, chés *Adrien Moetjens*, 1742, *in* 8°.

OEUVRES
DE
FRANÇOIS VILLON,
PREMIERE PARTIE.

PREMIERE PIECE.

LE PETIT TESTAMENT DE F. VILLON,

Ainſi intitulé ſans le Conſentement de l'Auteur, comme il le dit au ſecond Livre (a).

I.

MIL quatre cens cinquante-ſix *, (*b*), Je François Villon, eſcolier, Con-

DIVERSES LEÇONS.
* *L'an mil quatre cens, &c.* Editions de Verard & de Galiot du Pré.

REMARQUES.

(*a*) *Au II Livre.*] C'eſt-à-dire au *grand Teſtament*, ci-deſſous Huitain LXIV, où il ſe plaint, *Qu'aucuns (ſans ſon Conſentement) Voulurent nommer* Testament cet Ouvrage, qu'il nomme *Lays.* R. d. l'E.

(*b*) *Mil quatre cens cinquante-ſix.*] Deux des plus anciennes Editions liſent, *l'An mil quatre cens cinquante-ſix*: & cette Leçon ne pouvant ſubſiſter, Marot, en ſupprimant le Millenaire, auroit, ce ſemble, dû lire ici, *l'An quatre cens cinquante-ſix*; puiſque

Diverses Leçons Confiderant de sens rassis,
Le frain aux dents, franc au collier (a),
Qu'on doit ses Oeuvres employer,
Comme Vegece le racompte,
Saige Romain, grand Conseillier,
Ou autrement il se mescompte.

II.

REMARQUES.

puisque, plus bas, Huitain XI de son *grand Testament*, il a bien laissé dire à VILLON, *Escript l'ay l'An soyxante & ung*; &, Huitain LXIV de ce même *Testament* à propos du petit,

Si me souvient bien (Dieu mercys)
Que je feis, à mon Partement,
Certains Lays l'An cinquante-six.

Rabelais, Livre II, Chapitre XII, a dit de même, *l'An trente-six, acheptant une Courtaut d'Alemagne*: & cette Maniere de ne coter un Evénement que de l'Année du Siécle, où l'on parle, & où il est arrivé, continue encore dans le Stile familier; mais il faut toujours, ou *l'An mil quatre cens ....* ou *en mil quatre cens....* Qui, par éxemple, a jamais dit ou écrit: *Mil quatre cens cinquante-six, le Daufin, quittant la Cour du Roi son Pere, se rendit auprès du Duc de Bourgogne?* Et, cependant, c'est de la sorte, que Marot fait parler VILLON, sans Nécessité, & même contre la Coûtume.

Quoi qu'en dise Mr. le Duchat, la Tradition est contre lui; puisqu'on s'exprimoit alors ainsi: témoin ces Vers de l'Epitaphe de Louis Duc d'Orléans, assassiné à Paris l'An 1407, & inhumé aux Célestins de cette Ville:

Dieu lui fasse Pardon à l'Ame,
Et à Valentine sa Femme,
Au Comte de Vertus leur Fils...,
Qui sur lui sont ensevelis, ...
Mil quatre cens quarante-six.

Ad. d. l'E.

(a) *Franc au Collier.*] Travaillant voulentiers, comme les Chevaulx, qui facilement tirent au Collier.

II.

En ce temps que j'ai dit devant,
Sur le Noël, morte faiſon,
Lors que les loups vivent de vent,
Et qu'on ſe tient en ſa maiſon,
Pour le frimas, près du tiſon;
Me vint voulenté de briſer
La tres amoureuſe * priſon,
Qui faiſoit mon cueur desbriſer (a).

* Doulou-
reuſe. G. du
P. amoureu-
ſe. V.

III.

Je le feis en telle façon,
Voyant celle devant mes yeulx,
Conſentant à ma deffaçon (a),
Sans ce que ja luy en fuſt mieulx;
Dont j'ay deuil, & me plaings aux cieulx,
En requerant d'elle vengeance
A tous les dieux venerieux,
Et du grief d'amours (b) allegeance.

IV.

A celle doncques que j'ay dit *,
(Qui ſi durement m'a chaſſé,
Que j'en ſuys de joye interdict,
Et de tout plaiſir dechaſſé,)
Je laiſſe mon cœur enchaſſé,

* Item à
celle que j'ay
dit. V.

Pal-

REMARQUES.

(a) *Desbriſer.*] Compoſé de *briſer :* c'eſt-à-dire, qui me *briſoit,* me *fendoit,* le Cœur. R. d. l'E.

(a) *A ma deſſaçon :*] à ma *Deſſaicte,* à ma Mort.

(b) *Du grief d'amours.*] Du Mal d'Amours.

Palle, piteux, mort, & transy:
Elle m'a ce mal pourchassé,
Mais Dieu luy en face mercy.

V.

Item, à maistre Ythier Marchant (*a*),
Au-

REMARQUES.

(*a*) *Maistre Ythier Marchant.*] C'est ainsi qu'il faut écrire, & non point *Tihier marchant*, comme dans les précédentes Editions: & c'est ce dont on va se convaincre, par cette Remarque de Mr. le Duchat. R. d. l'E. La *Chronique Scandaleuse*, dit-il, sous le Mois de Septembre 1465, met cet Homme au Nombre des Députez des Seigneurs de la Ligue du Bien-public à une Conférence où on devoit traiter de la Paix entre le Roi & eux. Je ne sçai quelle Qualité il prenoit pour lors; mais, à deux Ans de-là, il étoit Maître de la Chambre aux Deniers de Charles de France, Duc de Normandie, selon l'Extrait d'un Compte de Pierre Landoys, depuis le premier Octobre 1466, Tom. II, pag. 1374, de l'*Histoire de Bretagne* de Dom Lobineau: *A Monseigneur Charles de France, Duc de Normandie, par les Mains de Pierre Morin, son Tréforier, & de* Maistre Ythier Marchant, *Maistre de sa Chambre aux Deniers, par l'Ordonnance du Duc* (de Bretagne,) *pour aider à supporter ses Charges, comme apert par Descharge du* 31 *Juillet* 1467, 1860 *Livres* 10 *Sols* 6 *Deniers*. Après la Mort de leur commun Maître, ce Scélérat, & un nommé Jean Hardi, s'étoient donnez au Duc de Bourgogne, qui les avoit portez à entreprendre d'empoisonner le Roi. Hardi fut pris, &, selon la *Chronique Scandaleuse*, écartelé le 30 Mars 1473. On ne dit point ce que devint cet *Ythier Marchant*, que dix-sept Ans auparavant Villon, son Ami, faisoit un de ses Légataires. Peut-être se sauva-t-il auprès de ce Duc de Bourgogne.

Auquel je me sens treftenu (*a*),
Laiffe mon branc d'acier tranchant (*b*),
Ou à maiftre Jehan le Cornu,
Qui eft en gaige detenu,
Pour ung efcot fix folz montant.
Je vueil, felon le contenu,
Qu'on leur livre en le racheptant.

VI.

ITEM, je laiffe à Sainct Amant
Le cheval blanc, avec la mulle ;
Et à Blaru, mon dyamant,
Et l'afne rayé qui reculle (*c*).
Et le decret qui articulle
Omnis utriufque Sexûs
Contre la Carmelite Bulle,
Laiffe aux Curez pour mettre fus (a) (1) (*d*).

VII.

REMARQUES.

(*a*) *Treftenu.*] C'eft-à-dire, *très tenu*, très obligé. Anciennement, les Superlatifs s'écrivoient ainfi. Voïez, dans le *Grand Dictionaire de* NICOD, le Mot TRES *& fes Compofez*. R. d. l'E.

(*b*) *Mon Branc d'Acier tranchant.*] Mot fouvent emploïé dans ce Volume: c'eft-à-dire, mon *Glaive*, mon *Sabre*, mon *Epée*. R. d. l'E.

(*c*) *St. Amant . . . . & Blaru.*] Apparement Cabaretiers, dont c'étoient-là les Enfeignes. Voïez ci-deffous le LXXXVI Huitain du *grand Teftament*. R. d. l'E.

(a) Presbtres & Décrétiftes entendent ces quatre *Vers.*

(1) Dans les Décrétales, Libr. V. *de Fœnitentiis & Remiffionibus*, Chap. XII, il ordonne d'aller au moins une fois l'An à Confeffe.

(*d*) *Laiffe aux Curez pour mettre fus.*] Le Canon *Omnis utriufque Sexûs* eft, non pas du *Décret*, mais
des

VII.

ITEM, à Jehan Tronne, bouchier,
Laiſſe le mouton franc & tendre (*a*),
Et

REMARQUES.

des *Décrétales*, Livre V, & il fait le Chapitre XII du Titre XXXVIII. Par ce Canon, il eſt ordonné à un chacun de ſe confeſſer au Curé de ſa Paroiſſe, au moins une fois l'An. Mais, on y avoit dérogé, en faveur des Carmes, à qui, par une Bulle, apparemment celle de 1433, le Pape Eugene IV, au Préjudice des Curez, permit d'ouïr en Confeſſion les Particuliers. C'eſt ce même Canon, que le Poëte exhorte ici les Curez à *remettre ſus*, en le faiſant revivre malgré la *Carmeliſte Bulle*, qui y avoit donné Atteinte. VILLON appelle cette Bulle *Carmeliſte*, à l'antique, comme on a dit long-tems *Jéſuiſtes* pour *Jéſuites*. Du reſte, *utriuſque* pour *cujuſlibet*, dans le Canon dont il s'agit, eſt une Elégance, dont le Poëte VILLON n'eſt point le ſeul qui ſe ſoit moqué. Certain Portugais, dans la *Forêt Nuptiale* de Jean Névisan, Livr. V, Sect. XXXIX, *dicebat, C. Omnis utriuſque Sexûs.... ſolum procedere in Hermaphroditos*: & Calvin en juge de même dans ſon *Inſtitution*, Livr. III, Chap. IV, Sect. XV. Mais, à cet Egard, il eſt bon de ſçavoir, que, dès le XII Siécle, le Latin de la Chancellerie Impériale étoit le même que celui du Concile, qui parloit de la ſorte en 1215: témoin un Privilege, donné en 1177, par l'Empereur Frideric I, à l'Egliſe Cathédrale de Torcello, dans le Territoire de Veniſe. *Cum omnibus Rebus ad id reſpicientibus.... cum omni Jure & Adjacentiis, & Decimis ſuis, cunctiſque Familiis utriuſque Sexûs, & Rebus ad eandem Eccleſiam pertinentibus*. Ce ſont les Termes de cet Acte, qui, ſoit dit en paſſant, fait le IV du *Prodrome*, dans le *Codex Juris Gentium Diplomaticus* de Leibnitz, imprimé *à Hanovre*, en 1693, *in folio.*

(*a*) *Le Mouton franc & tendre.*] Puiſque plus bas,
Hui-

TESTAMENT.

Et ung tahon pour esmoucher
Le beuf couronné qu'il veut vendre (a),
Ou la vache : & qui pourra prendre *
Le vilain qui la trousse au col,
S'il ne la rend qu'on le puist prendre
Et estrangler d'un bon licol.

DIVERSES LEÇONS.

* La vache que on pourra prendre. V. & G. du P.

VIII.

Et à maistre Robert Vallée,
Pauvre Clergeon en Parlement,
Qui n'entend ne mont ne vallée,
J'ordonne principallement,
Qu'on lui baille ligerement
Mes brayes estans aux Trumellieres *,
Pour coyster (b) plus honnestement
S'amye Jehanne de Millieres.

* Mes brayes estans aux Trumellieres, c'est-à-dire deschirez jusques sur le molet de la jambe. Dans l'Edition de G. du P. il y a estant en Tumeltiere. Les Editions de V. & de N. confirment la Leçon de Marot. En ôtant l'estans, le Vers ne seroit point trop long d'une ou de deux Sillabes. Ad. d. l'E.

IX.

REMARQUES.

Huitain XIII, VILLON nomme *Montonier* un de ses Amis, peut-être alors prononçoit-on, non pas *Mouton*, comme a lû ici Marot, mais *Monton*, comme prononçoit & écrivoit Samuel Bochart, qui dérivoit ce Mot de *Monto, onis*. Guillaume Cretin, page 161 de ses *Poësies* d'Edition de 1723, dit :

Corbieu, trouverons alibis
De garder Montons & Brebis.

(a) *Un Tahon, pour esmoucher le Beuf, qu'il veut vendre.*] Une grosse *Mouche*, pour chasser les petites. Legs ridicule, ironique, & satirique, comme le sont presque tous ceux de ces deux prétendus Testamens. R. d. l'E.

(b) *Coyster.*] Lisez, *coisser*, conformement à la Correction de Marot.

IX.

Pour ce qu'il est de lieu honeste (a),
Fault qu'il soit myeulx recompensé,
Car le Saint Esprit l'admoneste,
Nonobstant qu'il est insensé.
Pour ce je me suis pourpensé,
Puys qu'il n'a riens qu'en une aumoyre *,
On recouvre chés Maupensé *,
Qu'on luy baille l'art de memoire (b).

Puis qu'il n'a rien n'est qu'une aumoire. G. du P. Puis qu'il n'a rien ne qu'une aumoire. V. & N.

De recouvré sus Maupensé. G. du P. & N. de recouvrer ceulx &c. V.

X.

ITEM, plus je assigne la vie
Du dessus dict maistre Robert:
Pour Dieu, n'y ayez point d'envie,
(Mes parens) vendez mon Haubert (1) (a);
Et que l'argent, ou la plupart,
Soit employé dedans ces Pasques,
Pour achepter à ce poupart (c)

Une

REMARQUES.

(a) *Pour ce que R. Vallée est de lieu honneste.*] L'*Histoire de la Chancellerie de France* de Tessereau, p. 21, fait mention d'un *Jean Vallée*, Sécretaire du Roi en 1339. Peut-être *Robert Vallée* descendoit-il de ce Sécrétaire du Roi.

(b) *L'Art de Mémoire.*] Le Sécret de recouvrer son Bon-Sens. Dans la *Farce de Patelin*, Guillemette dit au Drappier:
Vous n'estes pas en bon Mémoire.
C'est-à-dire, Vous revez, vous êtes hors du Sens.

(1) *Haubert:*] Cotte de Mailles.

(a) *Haubert,*] rimé contre *part*, monstre que VILLON estoit de Paris, & qu'il prononçoit *Haubart* & *Robart*.

(c) *Poupart.*] C'est-à-dire, *Damoiseau*, témoin

ce

TESTAMENT. 11

Une fenestre auprès sainct Jaques (a).

XI.

ITEM, je laisse en beau pur don *
Mes gands & ma hucque de soye (b) (a),
A mon amy Jacques Cardon,
Le gland aussi d'une saulsoye,
Et tous les jours une grasse oye,
Ou ung chappon de haulte gresse,
Dix muys de vin blanc comme croye,
Et deux proces, que trop n'engresse *.

XII.

ITEM, je laisse à ce jeune homme,
René de Montigny (b) troys chiens ;
Et puys à Jehan Raguyer la somme
De cent frans prins sur tous mes biens.
Mais quoy ? Je n'y comprens en riens

Au pardon. V. N. & G. du P.

Et deux pourceaulx que trop n'engresse. N. La Leçon de G. du P. & de Verard confirment celle de Marot.

Ce

REMARQUES.

ce Vers du *Testament* de Jehan de Meung ou Clopinel :

    S'il n'a pas Grandeur de Poupart. R. d. l'E.

(a) *Une Fenestre auprès St. Jacques.*] Une des petites Boutiques d'Escrivain près S. Jacques de la Boucherie.

(b) *Hucque.*] Habit du Temps.

(a) *Hucque de Soye.*] Sorte de Robe : c'est le simple de *Hoqueton.* Coquillart, dans ses *Droits nouveaux,* folio m. 8, où il parle des Conseillers de Parlement vêtus de leurs Robbes rouges, dit :

    Ces grands Clercs à ces rouges Hucques.

(b) *René de Montigny.*] Compagnon de Débauche & de Filouterie de VILLON, qui fut enfin pendu. Voïez ci-dessous la II Ballade du *Jargon,* Huitain II. R. d. l'E.

12 LE PETIT

DIVERSES LEÇONS.

Ce que je pourray acquerir :
On ne doit trop prendre des siens,
Ne ses amis trop surquerir * (a).

* Requerir G. du P. & N.

XIII.

Item, au seigneur de Grigny
Laisse la garde de Nygeon (1),
Et six chiens plus qu'à Montigny,
Vicestre (2) chastel & dongeon :
Et à ce malostru (3) Changeon,
Montonnier qui * tient en proces,
Laisse troys coups d'ung escourgeon *(a),
Et coucher (paix & aise) en ceps (b).

* Qui le V. N. & G. du P.
* D'un esturgon. V. N. & G. du P.

XIV.

Item, à maistre Jehan * Raguyer
Je laisse l'abreuvoyr Popin (4),

* Jacques V. N. & G. du P.

Per-

REMARQUES.

(a) *Surquerir.*] Nicod explique ce Mot par *interroger*. Borel n'en parle point. R. d. l'E.

(1) *Nygeon,*] où sont à présent les Minimes de Chaillot.

(2) *Vicestre.*] C'est la Maison qu'on nomme aujourd'huy Bicestre. Ce Chateau est ainsi appellé, parce qu'il appartenoit à Jean Evesque de *Vincester*, en Angleterre. Voïez Fauchet dans ses *Antiquitez*, & les *Notes* de Duchesne sur Alain Chartier, pages 817, 818.

(3) *Malostru.*] En Languedoc, on dit *malestruc, male instructus*.

(a) *Escourgeon :*] Fouët. Diminutif d'*Escourgée*, Laniere de Cuir, avec laquelle on chatioit les Criminels & les Esclaves. *Ad. d. l'E.*

(b) *Ceps :*] Maniere de Prison.

(4) *L'Abreuvoyr Popin :*] C'est l'Abreuvoir, qui est vis-à-vis la Ruë Thibautaudez au bout du Pont-neuf.

TESTAMENT.   13

Perches, pouffins, au blanc manger,   DIVERSES
Tousjours le choys d'ung bon lopin,   LEÇONS.
Le trou de la pomme de pin,
Clos & couvert, au feu la plante,
Emmailloté d'ung Jacobin (a) (a):
Et qui vouldra planter, fi plante.

XV.

ITEM, à maiftre Jehan Mautainct,
Et à Pierre le Bafannier,
Le gré du feigneur qui attainct *   * *Le gré*
Troubles forfaictz (b) fans efpargner (c); *de celuy qui*
Et à mon procureur Fournier *,   *attaint.* N.
Bonnetz courtz, chauffes femellées (d),   *Le gré de*
Taillées chés mon cordouennier (*b*),   *celuy qui*
Pour porter durant ces gellées.   *attent.*
   G. du P.
   * *Jehan*
XVI.
   Fournier. N.
   & G. du P.
ITEM, au chevalier du guet   La Leçon
Le heaulme luy eftablys :   de Marot
   eft confir-
   mée par
   Et celle de V.

REMARQUES.

(a) *Emmailloté d'ung Jacopin :*] tousjours em-
pefché d'un Flegme, ne pouvant cracher.
(a) *Emmailloté d'ung Jacopin :*] d'un de ces
gros Crachats, qui l'incommode autant que fauroit le faire un *Jacque-de-Maille* trop étroit, dont
il feroit *emmailloté.*
(b) *Troubles Forfaits :*] Larrecins cachés.
(c) *Le gré du Seigneur qui attainct troubles Forfaits fans efpargner :*] la Faveur du Lieutenant-Cri-
minel, ou de Triftan l'Hermite.
(d) *Chauffes femelées :*] Brodequins.
(*b*) *Cordouennier.*] Voyez ci-deffous la Note fur
le VI Huitain du *grand Teftament.*

DIVERSES LEÇONS.
Et aux pietons qui vont daguet (*a*)
Taſtounant par cez eſtablis (a),
Je leur laiſſe deux beaulx rubis (b),
La lenterne à la pierre au laict (*b*);
Pourveu que j'auray les troys lictz (c),
S'ilz me meinent en chaſtellet (*c*).

XVII.

ITEM, au Loup, & à Chollet (d),
Pour à la foys (d) laiſſe ung canart,
Prins

REMARQUES.

(*a*) *Daguet*,] ou plûtôt *d'aguet*; c'eſt-à-dire, en faiſant le *Guet*, en obſervant les Démarches des Malfaiteurs. R. d. l'E.

(a) *Eſtablis :*] Eſtaulx.

(b) *Rubis*] de Taverne, qu'il avoit au Viſage (ſelon mon Jugement.)

(*b*) *La Pierre au Lait*.] Petite Place de Paris, près de St. Jaques de la Boucherie, où il y avoit apparemment quelque Lanterne notable. R. d. l'E.

(c) *Les troys Lictz*.] Une des Chambres du Chaſtelet.

(*c*) *En Chaſtelet :*] ou plûtôt, *au Chaſtelet*; car, c'eſt ainſi qu'il faut écrire. Le *Chatelet* eſt la principale Juridiction de Paris. C'eſt auſſi la plus conſidérable de ſes Priſons, à laquelle le *petit Chatelet* tient lieu d'Annexe ou de Décharge. R. d. l'E.

(*d*) *Chollet*.] C'étoit un Tonnelier, duquel parle encore VILLON Huitain XCIX de ſon *grand Teſtament*, où, de la maniere dont il le dépeint, ce pourroit bien être le même *Caſin Chollet*, duquel, ſous l'Année 1465, la *Chronique Scandaleuſe* dit que, comme on le fuſtigeoit publiquement, pour avoir mis un jour tout Paris en Allarme, le Roi, qui le voïoit paſſer, crioit au Bourreau : *Battez fort, & n'eſpargnez point ce Paillard ; car, il a bien pis deſſervi.*

(*d*) *Pour à la foys :*] pour une fois.

TESTAMENT.

Prins fur les murs (comme on fouloit)
Envers les foffez fur le tard;
Et à chafcun ung grand tabart (a) (*a*)
De cordelier, jufques aux piedz,
Busche, charbon, & poys, & lard,
Et mes houfeaulx fans avantpiedz.

XVIII.

ITEM, je laiffe par pitié
A troys petitz enfans tous nudz,
Nommez en ce prefent traictié,
Affin qu'ilz en foient mieulx cogneux,
Pauvres orphenins * impourveuz,   * *Orphe-*
Et defnuez comme le ver;   *lins.* V. N.
J'ordonne qu'ils feront pourveuz,   & G. du P.
Au moins pour paffer ceft yver.

XIX.

PREMIEREMENT, Colin Laurens,
Girard Goffoyn, Jehan Marceau,
Defprins (b) de biens & de parens,
Qui n'ont vaillant l'anfe d'ung ceau (*b*),
   Chaf-

REMARQUES.

(a) *Tabart:*] Manteau.

(*a*) *Ung grand Tabart.*] Efpece de Manteau, dont il y en avoit de longs & de courts, puifque c'eft de ce Mot, qu'on appelle *Tabarin* celui de nos Bâteleurs, qui ne paroit jamais qu'en *Mantelet* fur le Théatre.

(b) *Defprins:*] deffaifiz, defnuez.

(*b*) *Ceau:*] ou plûtôt, *Seau.* En effet, *Ceau* eft pris pour le *Ciel* par nos anciens Poëtes; témoin le *Roman de la Rofe* en ces Vers:

   De Rofes y ot grand Monceau,
   Si belles n'avoit fous le Ceau.   R. d. l'Et.

LE PETIT

DIVERSES LEÇONS.

Chafcun de mes biens ung faiffeau,
Ou quatre blancs (a),s'ilz l'ayment myeulx.
Ilz mangeront maint bon morceau,
Les enfans, quand je feray vieulx.

XX.

ITEM, ma Nomination,
Que j'ay de l'Univerfité,
Laiffe par refignation,
Pour forclorre (b) d'adverfité
Pauvres clercs de cefte cité,
Soubz ceft *intendit* * (1) contenuz :
Charité m'y a incité,
Et nature, les voyant nudz.

* *Interdit.* L'Edition de Marot chez J. Longis.

XXI.

C'EST maiftre Guillaume Cotin *,
Et maiftre Thibault de Vitry,
Deux pauvres clercs parlans latin,
Paifibles enfans fans efcry * (a),

* *Colin*, G. du P. *Cotin*. V. & N.
* *Eſtri.* V. N. & G. du P.

Hum-

REMARQUES.

(*a*) *Blancs.*] Monnoie ancienne, ainfi nommée par oppofition aux Sols, qu'on appelloit *Noirets*, & par altération *Nerets*. R. d. l'E.

(*b*) *Forclore.*] C'eft-à-dire, éloigner, délivrer. R. d. l'E.

(1) *Intendit:*] C'eft-à-dire, fous cette Ecriture ou Teftament. Touchant les Ecritures par *Intendits*, voïez Gaftier dans fon *Stile des Requeftes*. BOREL explique ce Mot par *Intention*: ce qu'il confirme par ces deux Vers de l'Epitaphe de Jean Duc de Berry, qui fe lit aux Innocens à Paris:

Prions pour le Prince fufdit,
Et enfuivons fon Intendit. R. d. l'E.

(*a*) *Sans efcry:*] fans Bruit.

Humbles, bien chantans au lectry (a) (1) : Diverses
Je leur laisse (b) (sans recevoir) Leçons.
Sur la maison Guillot Gneuldry *, * Guillory.
En attendant de mieulx avoir. G. du P.
V. & N.

XXII.

Item, plus je adjoinctz à la crosse,
Celle de la rue Sainct Anthoine,
En ung billart * dequoy on crosse, * Et un
Et tous les jours plain pot de seine (a), billart. V.
Aux pigeons (c), qui sont par essoine (b)
Enserrez soubz trappe volliere (d),
Mon mirouer (e) bel & ydoyne (c),
Et la grace de la Geolliere.

XXIII.

Item, je laisse aux Hospitaux
Mes

REMARQUES.

(a) *Lectry:*] Lectrain.
(1) *Au Lectry:*] c'est-à-dire au Lutrin. Anciennement, on disoit *Leteris*. Voïez Ville-Hardouin, Art. XVII, page 11, de l'Edition du Louvre.
(b) *Je leur laisse, &c*] s'entend la susdite Nomination.
(a) *Plein pot de seine.*] Lisez *plein Pot de Seine:* car, il s'agit-là de l'Eau de la Riviere de *Seine*, dont on leur laisse un *plein Pot*. R. d. l'E.
(c) *Aux Pigeons:*] aux Prisonniers.
(b) *Essoine.*] C'est-à-dire, *Punition*. R. d. l'E.
(d) *Trappe volliere:*] une Prison.
(e) *Mon Mirouër, &c.*] qu'ils se mirent en luy.
(c) *Ydoyne.*] Du Latin *idoneus*, qui signifie *propre*. Le Poëte laisse apparemment à ces *Pigeons*, ou à ces *Prisonniers*, son *Mirouër*, c'est-à-dire son *Exemple*, propre à les consoler. R. d. l'E.

LE PETIT

DIVERSES LEÇONS.

Mes chaſſis tiſſus d'Iraignée (1);
Et aux giſans ſur ces eſtaux (*a*),
Chaſcun ſur l'œil une groignée (*b*),
Trembler à chiere (2) reffregnée,
Maigres, velluz, & morfonduz,
Chauſſes courtes, robbe rognée,
Gelez, meurdriz, & enfondus (a).

XXIV.

ITEM, je laiſſe à mon barbier
La rongneure de mes cheveulx,
Plainement, & ſans deſtourbier (*c*).
Au ſavetier mes ſouliers vieulx (*d*),
Et au freppier (*e*) mes habitz tieulz (*f*)
Que

REMARQUES.

(1) *Iraignée :*] Araignée.

(*a*) *Giſans ſur ces Eſtaulx.*] Le Guet, grand Ennemi de VILLON & de ſemblables Ribleurs. Souvent les Archers du Guet, las de roder, ſe repoſent ſur les Etaux des Boutiques, & de-là viennent fondre inopinément ſur les Voleurs.

(*b*) *Groignée.*] Mot inconnu à tous nos Dictionaires d'anciens Termes. R. d. l'E.

(2) *Chiere :*] Viſage.

(a) *Enfondus :*] Creux & deſcharnez.

(*c*) *Deſtourbier :*] Empéchement, Oppoſition. R. d. l'E.

(*d*) *Souliers vieulx.*] Expreſſion adoptée par Beze dans le LX de ſes Pſeaumes :

Contre Edom, Peuple glorieux,
Je jetterai mes Souliers vieulx. R. d. l'E.

(*e*) *Freppier.*] De l'Allemand *Werpen,* jetter. Hardes *frippées* ſont proprement celles qui ne ſont bonnes qu'à *jetter. Freppier* eſt à l'antique pour *Frippier,* comme a lû Marot.

(*f*) *Tieuls.*] C'eſt-à-dire *tels.* R. d. l'E.

TESTAMENT. 19

Que quant du tout je les delaiſſe, DIVERSES
Pour moins qu'ilz ne couſterent neufz, LEÇONS.
Charitablement je leur laiſſe.

XXV.

ITEM, je laiſſe aux Mendians,
Aux Filles Dieu, & aux Beguynes (*a*),
Savoureux morceaulx & frians,
Chappons, pigeons, graſſes gelines,
Et puis preſcher les quinze ſignes (*b*),
Et abatre pain à deux mains (*c*):
Carmes chevaulchent nos voyſines (*d*);
Mais cela ce n'eſt que du meins.

XXVI.

REMARQUES.

(*a*) *Beguynes.*] Voïez, touchant ce Mot, la Remarque ſur le Huitain CV du *grand Teſtament*. R. d. l'E.

(*b*) *Preſcher les quinze Signes.*] Les Prêcheurs d'entre les Religieux Mendians ont inventé *quinze Signes* ou Prodiges, qui, ſelon eux, doivent devancer & annoncer le Jugement dernier. C'eſt à quoi viſe ici VILLON. Du reſte, ces Signes, au Nombre de XV, ſont tirez des Vers de la Sibylle Erythrée, & rapportez entre autres par S. Auguſtin, dans ſa *Cité de Dieu*, Livr. XVIII, Chap. XXIII.

(*c*) *Abatre Pain à deux Mains.*] Proverbe, qui ne ſe trouve point dans les Recueils qu'on en a faits, & qui revient peut-être à celui-ci: *Manger à Ventre déboutonné.* R. d. l'E.

(*d*) *Carmes chevaulchent nos voyſines.*] Plus-bas, Huitain CIX du *grand Teſtament*, VILLON parle du *Frere Baulde demeurant à l'Hoſtel des Carmes:* ce qui eſt une autre Preuve, que, du Tems de notre Poëte, la Chaſteté des Religieux Carmes étoit déjà très équivoque; puiſque, comme on ſait, *Baudet* n'eſt qu'un Diminutif de *Baude*. Auſſi les Carmes de

XXVI.

ITEM, je laiſſe le mortier d'or (*a*)
A Jehan l'Epicier de la Garde,
Et une potence Sainct Mor (*b*),
Pour faire ung broyer à mouſtarde :
Et à celluy (*c*), qui feit l'avant-garde,
Pour faire ſur moy griefz exploitz,
(De par moy) Sainct Anthoine l'arde (*d*) ;
Je ne luy lairray autre laiz.

XXVII.

ITEM, je laiſſe à Mairebeuf *,
Et à Nicolas de Louvieulx,
A chaſcun l'eſcaille d'un œuf,
Plaine de frans & d'eſcus vieulx.

* *Male-beuf*. V. *Marbeuf*. G. du P. & N.

Quant

REMARQUES.

la Ville de Mets y ont-ils été déſignés long-tems ſous le Nom de *Freres Baudes.*

(*a*) *Item je laiſſe le Mortier d'Or.*] Liſez, *Item, laiſſe le Mortier d'Or*, c.-à-d. ſon Enſeigne. R. d. l'E.

(*b*) *Potence Saint Mor.*] Pot-à-anſe à ſonner le Tocſin, comme avec un *Mortier*.

(*c*) *Et à celluy.*] Liſez, *Et à cil :* ou plûtôt, ſuivant la Correction de Marot, *A celuy*. MAIS, comme on voit, c'eſt ce que Marot n'a point fait, laiſſant le Vers trop long d'une Syllabe. Ad. d. l'E.

(*d*) *St. Anthoine l'arde.*] C'eſt-à-dire, *le brula.* Selon les Légendaires, St. Antoine eſt en Poſſeſſion de ſe vanger par le Feu de ceux qui l'oublient, ou l'offenſent ; & le bon Chevalier Bayard le croïoit ſi bien, qu'il en fit à ce Saint vindicatif une fort plaiſante Priere, rapportée par Brantome, dans les *Rodomontades Eſpaignoles*, page 287 : & le Bon du Conte eſt que, toute ridicule qu'elle étoit, elle ne laiſſa pas de faire Miracle. R. d. l'E.

TESTAMENT.

Quant au concierge de Gouvieulx,
Pierre Ronseville *, je ordonne,
Pour leur donner entremy eulx,
Escus telz que Prince les donne (a).

DIVERSES LEÇONS.
* Rous-
sevile. G.
du P. Rou-
seville. V. &
N.

XXVIII.

FINALEMENT, en escrivant
Ce soir seullet, estant en bonne (a),
Dictant ces laiz & descripvant,
Je ouïz la cloche de Sorbonne,
Qui tousjours à neuf heures sonne,
Le salut que l'Ange predit (b):
Sy suspendy & mis cy bourne * (c),
Pour pryer comme le cueur dit.

* Suspen-
dy & mis en
somme. V.
& mis sur
borne. G. du
P. & mis
suborne. N.

XXIX.

FAICT au temps de la dicte date,
Par

REMARQUES.

(a) *Escus telz que Prince les donne.*] Ecus de nou-
elle Fabrique, frappez au Coin du Prince qui les
onne.

(a) *Estant en bonne:*] Estant délibéré.

(b) *Le Salut que l'Ange predit*] Selon l'Histoire
& la Raison, ce *Salut* devroit être la Naissance de
ésus-Christ *prédite* par l'Ange : mais, selon la
outine populaire & VILLON, il s'agit ici de l'A-
e-Maria, ou de la Salutation Angélique, que
abriël, non *prophétisa*, mais dit le *prémier*; &
épétée tous les Jours trois fois par Esprit de Su-
erstition. R. d. l'E.

(c) *Et mis cy bourne.*] Comme ce Vers doit rimer à *Sorbonne* & à *sonne*, je lis *bonne*, à l'antique,
our *Borne*. Le *Roman de la Rose*, cité par Ca-
eneuve, dit:
    Les Terres ensemble partirent,
Et, au Partir, Bonnes y mirent.

DIVERSES LEÇONS.

Par le bon renommé VILLON,
Qui ne mange figue ne date,
Sec & noir comme escouvillon (*a*).
Il n'a Tente ne Pavillon,
Qu'il n'ayt laiſſé à ſes amys;
Et n'a mis (*b*) qu'ung peu de billon,
Qui ſera tantoſt a fin mys.

FIN DU

PETIT TESTAMENT

DE

FRANÇOIS VILLON,

DE PARIS (*c*).

REMARQUES.

(*a*) *Eſcouvillon.*] Eſpece de *Balai*, dont les Boulangers ſe ſervent, pour netoïer leurs Fours. Formé d'*Eſcoubo*, qui, dans le Languedoc, ſignifie un *Balai*. R. d. l'E.

(*b*) *Mis.*] Liſez *mais*.

(*c*) *François Villon, de Paris.*] Preuve que le Surnom de notre Poëte étoit VILLON, & non pas *Corbueil*: & qu'il étoit *Pariſien*, & non pas d'*Auvert* près de Pontoiſe, comme l'a cru Fauchet. VOÏEZ ci-deſſous la IV Piéce de ce Recueil. *Ad. d. l'E.*

SECONDE PIECE.
CY COMMENCE
LE
GRAND TESTAMENT
DE
F. VILLON.

I.

EN l'an de mon trentiefme eage (a) (*a*),   DIVERSES
Que toutes mes hontes j'eu beues,   LEÇONS.
Ne du tout fol, encor ne fage,
Nonobftant maintes peines eues,

Lef-

REMARQUES.

(*a*) Il fait *eage* triffilabe, comme *péage :* fi fait le *Romant de la Rofe.* Le Sens de ce Couplet eft imparfait : par quoy, fault fuppléer, *Cecy fut faict,* ou *Je commençay cefte œuvre, en l'an,* &c.

(a) En l'*An de mon trentiefme Eage.*] La Maniere, dont s'exprime le Poëte, fuppofe qu'il a cru pouvoir dire, qu'il avoit autant de différens Ages, qu'il avoit d'Années. J'ignore qu'on ait jamais parlé de la forte ; & je doute, que, du moins, on voulût le faire aujourd'hui. Auffi eft-ce apparemment la Contrainte de la Mefure, qui a produit ce Vers,

DIVERSES LEÇONS.
Lesquelles j'ay toutes receues
Soubz la main Thibault d'Auffigny (a) (b).
S'eveſ-

REMARQUES.

Vers; puiſque ſi, comme VILLON le devoit naturellement, il avoit dit, En l'An trentieſme de mon Eage, ſon Vers auroit eu une Syllabe de trop. Du reſte, comme on dit également *la trentieme Année & l'Année trentieme*, peut-être VILLON avoit-il mis, *Au trentieſme An de mon Eage* : & je m'étonne, que ce ne ſoit pas de cette Sorte, que Marot nous ait donné ce Vers; puiſque, du moins, le Langage en auroit été plus congru. EN effet, le *Roman de la Roſe*, dit bien :

*Au quinzieſme An de mon Eage,
Au Point qu'Amours prend le Péage.*

Ad. d. l'E.

(a) *Thibault d'Auffigny.*] L'Auteur de la Lettre qui fait la III Partie de ce Volume, & qui eſt intitulée, *Lettre à Mr.* * * *, en lui envoïant la nouvelle Edition des Oeuvres de VILLON de 1723, veut que cet Homme-là ait été *Juge de Melun*; car c'eſt *Melun*, & non pas *Mehun*, que cet Auteur croit qu'il faut lire au Huitain XI du *grand Teſtament de* VILLON. Mais, il a bien voulu ſe faire Illuſion, ne prenant pas garde, que, dans le Vers ſuivant, le Poëte parle de ce même *Thibault d'Auffigny*, comme d'un *Evêque*, qui, n'étant pas le ſien, l'avoit cependant tenu dans ſes Priſons. *Thibault d'Auffigny* étoit en effet, non pas *Juge de Melun*, mais *Evêque d'Orléans*; & ci-deſſous, dans le LXIII Huitain du *grand Teſtament*, on voit que *Thibault d'Auffigny* avoit un *Official*; ce qui ne convient qu'à un Evêque. Auſſi le fut-il, depuis l'Année 1452, juſqu'à ſa Mort, arrivée en 1473, à *Mehun* ſur Loire, où même il eſt inhumé dans l'Egliſe des Cordeliers du Lieu. Comme cette petite Ville eſt du Dioceſe d'Orléans, VILLON, qui y étoit Priſonnier, regardoit ce Prélat comme l'Auteur de ſa Priſon, & lui attribuoit toutes les Rigueurs qu'il y avoit eſſuïées dans une longue Captivité, dont il n'eſt pas ſans apparence, que mê-

S'evesque il est seignant les rues (a),
Qu'il soit le mien je le reny.

II.

Mon Seigneur n'est ne mon Evesque,
Soubz luy ne tiens s'il n'est en friche,
Foy ne luy doy ne hommage avecque,
Je

REMARQUES.

même il ne fut tiré par Louïs XI, dès la prémiére Année de son Regne, que par un secret Plaisir que trouvoit ce Prince à renverser, autant qu'il pouvoit, tout ce qui s'étoit fait sous le Regne de son Pere.

Escript l'ay l'An soyxante & ung,
Que le bon Roy me délivra
De la dure Prison de Mehun.

Comme, au reste, c'est ainsi que commence l'onzieme Huitain du *grand Testament* de Villon, je m'étonne que cet Auteur ne se soit pas apperçu, que si, comme il le prétend, c'étoit *Melun*, & non pas *Mehun*, qu'on dût lire au 3 Vers, ce Vers seroit trop long d'une Syllabe. Or, Villon n'étoit pas capable d'une Faute comme celle-là.

Mais, quel pouvoit être ce Crime, pour lequel Villon souffroit une Prison, & si rude, & si longue? C'étoit, apparemment, quelque Sacrilege, comme d'avoir volé dans une Eglise, soit à Mehun, soit à Orléans.

(b) *Thibault d'Aussigny.*] Ce *Thibault d'Aussigny*, & *Jaques Thibault*, dont il sera parlé ci-dessous Huitain LXII, ne sont visiblement qu'un seul & même Homme, comme vient de le reconnoitre Mr. le Duchat, qui devoit observer de même, qu'on a eu tort d'en faire deux différens Personnages dans la *Table des Familles de Paris*. Peut-être se nommoit-il *Jaques-Thibault d'Aussigny*, & que *d'Aussigny* est un Nom de Terre. R. d. l'E.

(a) *Seignant les Rues.*] Faisant le Signe de la Croix par les Rues, ou donnant la Bénédiction.

B 5

Je ne suis son serf ne sa biche.
Peu (*a*) m'a d'une petite miche,
Et de froide eau, tout ung esté.
Large ou estroit, moult me fut chiche:
Tel luy soit Dieu qu'il m'a esté.

III.

Et s'aucun me vouloit reprendre,
Et dire que je le mauldys:
Non fais, si bien le scet entendre,
Et rien de luy je ne mesdys.
Voycy tout le mal que j'en dys:
S'il m'a esté misericors,
Jésus, le Roy de Paradis,
Tel luy soit à l'ame & au corps.

IV.

S'il m'a esté dur & cruel
Trop plus que cy ne le racompte,
Je vueil que le Dieu eternel
Luy soit doncque (*b*) semblable à ce compte.
Mais l'Eglise nous dit & compte,
Que prions pour noz ennemys:
Je vous diray, J'ay tort & honte;
Tous ses faictz soient à Dieu remis.

REMARQUES.

(*a*) *Peu.*] C'est-à-dire, *repu*. R. d. l'E.
(*b*) *Doncque.*] Lisez *Donc*; & aussi dans le Huitain suivant. R. d. l'E.

V.

Si prieray pour luy de bon cueur *,
Par * l'ame du bon feu Cotard (a).
Mais quoy ! Ce sera doncque par cueur ;
Car de lire je suys faitard (a),
Priere en feray de Picard (b) :
S'il ne le sçait, voise l'apprandre,
S'il m'en croyt, (ains (c) qu'il soit plus
  tard,)
A Douay ou à Lisle en Flandre.

DIVERSES LEÇONS.

* *Si prieray Dieu de bon cœur, &c.* N. & V.
* *Pour.* G. du P.

VI.

REMARQUES.

(*a*) *Cotard.*] Savoir *Jehan Cotard*, Procureur en Cour d'Eglise, & grand Ivrogne, sur lequel est faite la X *Ballade de ce grand Testament.* R. de l'E.

(*a*) *Faitard:*] Paresseux, qui *tard faict* sa Besoigne.

(*b*) *Priere de Picard.*] Des Levres, mais sans Intention. Etre louche d'un Oeil, c'est ce qu'en Lorraine on appelle avoir un *Oeil de Picard*; Façon de parler, dont l'Origine pourroit bien être ce que le Livre intitulé *Gesta Romanorum* raconte de deux Opérateurs. Ils étoient convenus entre eux de s'arracher les Yeux l'un à l'autre, se confiant si fort en leur Habileté, qu'ils se promettoient de les remettre en leur Place, sans Lésion aucune. L'un réüssit. Mais, comme l'autre travailloit à replacer de même les Yeux de son Compagnon, la Fenêtre étant ouverte, survint une *Pie*, qui enleva l'un des deux Yeux qu'il s'agissoit de remettre. L'Opérateur, bien étonné, ne trouva d'autre Expédient, que de remplacer l'Oeil perdu par celui d'une Chevre. L'Opération réüssit aussi, à cela près que l'Oeil de Chevre regardoit toujours en haut, comme visant à des Feuilles que les Chevres ont de coûtume de brouter aux Arbres.

(*c*) *Ains.*] C'est-à-dire ici, *avant.* R. d. l'E.

VI.

* Combien s'il veut que l'on le prie.
V. & N.

COMBIEN que s'il veut que je prie *
Pour lui, foy que doy mon baptefme (a),
(Obftant qu'à chafcun ne le crye)
Il ne fauldra pas à fon efme (*a*).
Au Pfaultier prens (quand fuys à mefme)
(Qui n'eft de beuf ne cordoen (1),)
Le verfet efcript le feptiefme
Du Pfaulme *Te Deus laudem* (b).

VII.

Sy pry' au benoift filz de Dieu,
(Qu'à tous mes befoings je reclame,)
Que ma pauvre priere ayt lieu
Vers luy, de qui tiens corps & ame,

Qui

REMARQUES.

(a) *Foy que doy mon Baptefme:*] à mon Baptefme.

(a) *A fon Efme:*] Eftime, Attente. *Aefme*, dans Ville-Hardouin, vient d'*adæftimare*, comme *aörer* d'*adorare*. BOREL explique *Efme*, par *Intention, Defir*; & cela paroît convenir mieux ici. Ad. d. l'E.

(1) *Cordoën:*] C'eft qu'il venoit alors de Cordouë en Efpagne, d'où l'on a fait *Cordoennier*, & enfuite *Cordonier*. CETTE rare Etymologie vient de Theodulphe, Rimeur du moïen Age, qui a dit:

D.étas de Nomine Corduba *Pelles.* Ad. d. l'E.

(b) Au Verfet, dont il parle, y a *Fiant Dies ejus* &c. *& Epifcopatum ejus accipiat alter.* LE Pfeaûme, qu'indique ici VILLON, eft le CVIII felon la Vulgate, & ne commence point par *Te Deus laudem.* n'y en aïant aucun qui commence ainfi; mais, par *Deus Laudem meam ne tacueris.* Ce *feptiefme *Verfet*, auquel il renvoïe, eft conçu en ces Termes, *Fiant Dies ejus pauci, & Epifcopatum ejus accipiat*

TESTAMENT.

Qui m'a preservé de maint blafme,
Et franchy de vile puiffance.
Loué foit-il, & Noftre-Dame,
Et Loys le bon Roy de France (a).

VIII.

Auquel doint Dieu l'heur de Jacob,
De Salomon l'honneur & gloire,
Quand de proueffe il en a trop,
De force auffi, par m'ame (b) voire;
En ce monde cy tranfitoire,
Tant qu'il a de long & de lé,
(Affin que de luy foit memoire)
Vivre autant que Mathufalé.

IX.

Et douze beaulx enfans tous mafles
Veoir de fon tres cher fang Royal,
Auffi preux que fut le grand Charles,

Con-

REMARQUES.

piat alter, c'eft-à-dire, *Que fes Jours foient abrégés, & qu'un autre rempliffe fon Sieze Epifcopal.* Ainfi, felon le Génie fatirique de VILLON, cette prétendue Priere eft une véritable Imprécation, qu'il ne laiffe pourtant pas d'adreffer à Jéfus-Chrift. *Ad. d. l'E.*

(a) *Louis XI.*] CETTE Société de *Jéfus-Chrift*, de la *Sainte Vierge*, & de *Louïs XI*, vaut bien celles que les Francifcains & les Jéfuites font des mêmes avec leur *St. François*, & leur Pere *Edmond Auger*. Voïez la Dédicace de la *Summa Angelica* d'Angelus de Clavafio, & le *Thréfor des Langues de ceft Univers* de Claude Duret, pag. 921. *Ad. d. l'E.*

(b) *Par m'ame.*] Par mon Ame.

DIVERSES Conceuz en ventre nuptial,
LEÇONS. Bons comme fut sainct Martial.
Ainsi en preigne au bon Daulphin (a) :
Je ne luy souhaicte autre mal,
Et puys Paradis à la fin.

X.

Pource que foible je me sens,
Trop plus de biens que de santé,
Tant que je suis (a) en mon plain sens,
Si peu que Dieu m'en a presté,
(Car d'autre ne l'ay emprunté,)
J'ay ce TESTAMENT tres estable (b)
Faict de derniere voulenté,
Seul pour tout, & irrevocable.

XI.

Escript l'ay l'an soyxante & ung (b),
Que le bon Roy me delivra
*Melhun. De la dure prison de Mehun * (b),
N. Meun.
V.
         Et

REMARQUES.

(a) *Daulphin.*] Les Vœux de VILLON ne furent pas exaucés ; ce Prince étant mort peu après. Car, ce Dauphin n'étoit pas, comme quelques-uns l'ont cru, *Charles VIII*, qui n'avoit que 14 Ans quand il parvint à la Couronne en 1483, mais *Joachim*, né à Namur le 27 Juillet 1459, & mort en bas Age. Voïez, l'*Histoire Généalogique de la Maison de France* du P. Anselme, Tom. 1, pag. 69. R. d. l'E.

(a) *Tant que je suis :*] Tandis que je suis.

(a) *Estable.*] C'est-à-dire, *ferme, durable.* R. d. l'E.

(b) Mil quatre cens soixante & ung.

(b) *Mehun.*] L'Auteur de la *Lettre*, qui fait la
III

Et que vie me recouvra :
Dont fuys (tant que mon cueur vivra)
Tenu vers luy me humilier ;
Ce que feray tant qu'il mourra (c) :
Bien faict ne fe doibt oublier.

Icy commence VILLON *à entrer en Matiere pleine d'Erudition & de bon Sçavoir.*

Dans les Editions de Verard *& de* Niverd, *ce Titre ne fe trouve point :* le Huitain Or eft vray, &c., *y eft tout de fuite.*

XII.

† OR eft vray qu'apres plainctz & pleurs,
Et angoiffeux gemiffemens,
Apres trifteffes & douleurs,
Labeurs & griefz cheminemens ;
† Travail mes lubres (*a*) fentemens
Aguifa

REMARQUES.

III Partie de ce préfent Volume, prétend, qu'il faut lire, tant ici que par-tout ailleurs, *Melun*; & que ce *Thibault d'Auffigny*, dont il eft parlé ci-deffus dans le I Huitain, étoit *Juge* de cette Ville. Mais, il eft bien certain qu'il s'eft fort trompé. R. d. l'E.

(c) *Tant qu'il mourra :*] jufqu'à ce qu'il mourra.

(*a*) *Lubres.*] Par Syncope, pour *lugubres* ; comme *Orine*, pour *Origine*, dans Patelin. Le *Journal de Paris fous Charles VI, & Charles VII*, appelle *Lubres* cette Monnoie de Bourgogne, qu'autrement on nommoit *Nerets* ou *Noirets*.

Diverses Leçons.

* *Voïez sur cet Endroit la* Préface *de* Clement Marot *sur* Villon.

Aguifa (rondz comme pelote,)
Me monftrant plus que les commens
Sur le fèns moral d'Ariftote *.

XIII.

Combien (a) au plus fort de mes maulx,
En chevaulchant (*a*) fans croix ne pille (1),
Dieu qui les Pellerins d'Efmaux (*b*)
Conforta, ce dit l'Evangile,
Me monftra une bonne ville,
Et pourveut du don d'efperance :
Combien que le pecheur foit vile,
Dieu ne hayt que perfeverance.

XIV.

Je fuys pecheur, je le fçay bien.
Pourtant, ne veult pas Dieu ma mort,
Mais convertiffe, & vive en bien,

Et

REMARQUES.

(a) *Combien:*] Toutesfois.

(*a*) *Chevaulchant.*] C'eft-à-dire, *cheminant.* R. d. l'E.

(1) *Sans croix ne pille.*] Ces Termes ont été pris des Monoyes de S. *Louis*, dans lefquelles il y avoit d'un Côté une *Croix* ;& de l'autre de *Pilles*, que quelques-uns croient avoir été des *Bernicles*, c'eft-à-dire des Inftrumens de Bois, dans lefquels on faifoit entrer les Jambes des Prifonniers, à qui l'on faifoit ainfi fouffrir de grands Tourmens dans l'Orient. Voïez la XIX *Differtation* de M. du Cange fur Joinville, pag. 256. à la fin.

(*b*) *Efmaux.*] C'eft-à-dire *Emmaüs*, que le Poëte fait fans façon rimer avec *Maux*. Peut-être prononçoit-on ainfi de fon Tems, R, d. l'E.

TESTAMENT.

Et tout autre que peché mord.
Combien que en peché soye mort,
Dieu vit, & sa misericorde;
Et si ma coulpe me remord,
Par sa grace pardon m'accorde.

XV.

Et comme le noble Romant
De la Rose dit & confesse
(En son premier commencement,)
Qu'on doit * jeune cueur en jeunesse
(Tant qu'il soit meury par vieillesse *)
Excuser. Hélas! il dit veoir (a).
Ceulx donc, qui me font telle oppresse,
En meurte (b) ne me vouldroient veoir*.

DIVERSES LEÇONS.

* Dit. N. doit. V.

* Quant on le voit vieil en vieillesse. V. & N.

* En meurte me vouldroient veoir. N. ne me vouldroient veoir. V.

XVI.

Si pour ma mort le bien publique
D'aucune chose vaulsist myeulx,
A mourir (comme ung homme inique)
Je me jugeasse, ainsi m'aid' Dieux (a).
Grief ne faiz à jeune ne vieulx,
Soye sur pied, ou soye en biere *(b):
Les montz ne bougent de leurs lieux,
Pour ung pauvre n'avant n'arriere.

* Soient sur pied, ou soient en biere. V. soient periz, ou soient en biere. N.

XVII.

REMARQUES.

(a) *Veoir.*] Lisez *voir*, de *verum*.
(b) *Meurte.*] Nicod & Ménage expliquent ce Mot par *Mirte*; mais, cela ne convient point ici. R. d. l'E.

(a) *Ainsi m'aid' Dieux:*] Ainsi m'ayde Dieu.
(b) *Soye sur pied, &c.*] Soye vif ou mort.

C

XVII.

Au temps que Alexandre regna,
Ung hom nommé Diomedes (1)
Devant luy on luy amena,
Engrillonné * poulces & detz (a),
Comme ung larron, car il fut des
Efcumeurs *, que voyons courir.
Si fut mys devant les Cadetz (b),
Pour eftre jugé à mourir.

XVIII.

L'Empereur fi l'arraifonna :
„ Pourquoy es tu larron de Mer?„
L'autre refponfe luy donna :
„ Pourquoy larron me faiz nommer?
„ Pour ce qu'on te (c) voit efcumer
„ En une petiote fufte.
„ Si comme toy me peuffe armer,
„ Comme toy Empereur je fuffe.

XIX.

Diverses Leçons.

* *Efquillonné.* N. *enguillonné*. V.
* *Efcameurs.* N. *efcumeurs.* V.

Notez cette Hiftoire bien appropriée.

REMARQUES.

(1) *Nommé Diomedes.*] On ne fçait pas au vray le Nom de ce Pirate. En effet, Cicéron ne le dit point dans le Fragment qu'on va bientôt voir. *Ad. d l'E.*

(a) *Detz :*] De *Digiti*, Doigts. R. d. l'E.

(b) *Mys devant les Cadetz.*] Par une Licence Archi-poëtique, *Cadetz* mis pour la Rime au lieu de *Cadis*, plurier de *Cadi*, Mot Arabe, qui, dans la Langue Turque, revient à celui de *Juge*. Comme c'étoit en Orient, que le Pirate devoit être jugé, fes *Juges* font ici nommez *Cadis*, comme les Turcs nomment ceux qui adminiftrent la Juftice chés eux. Du Punique *Gadis*, qui fignifie *une Haie*, les Latins ont fait de même *Gades*, Nom de Ville.

(c) *Pour ce qu'on te voit efcumer.*] Lifez *me*. C'eft de foi-même que parle le Pirate.

TESTAMENT.
XIX.

DIVERSES LEÇONS.

„ Mais, que veux tu? De ma fortune,
„ (Contre qui ne puis bonnement,
„ Qui fi durement me infortune,)
„ Me vient tout ce gouvernement *.
„ Excufe moy aucunement,
„ Et sçaches qu'en grand' pauvreté
„ (Ce mot dit on communement *)
„ Ne gift pas trop grand' loyaulté. „

* *Me vient à tout fi rudement.* N.

* *Ce mot fe dit communement.* N. V.

XX.

Quand l'Empereur eut remiré
De Diomedes tout le dict:
„ Ta fortune je te mueray
„ Mauvaife en bonne (ce luy dit.)
Si fift il. Onc puis ne mefprit (a)
Vers perfonne, mais fut vray homme.
Valere (pour vray) nous l'efcript *,
Qui fut nommé le Grand à Romme (b)(1). v.

* *Refcrit.*

XXI.

REMARQUES.

(a) *Mefprit.*] Ce Mot, & *mefprendre* dans le Huitain fuivant, doivent s'expliquer par *mesfit* ou *mesfaire*, autre vieux Mot, auffi-bien que *Meffaict*, emploïés ci-deffous Huitain XXIV & XXXIII, & que Borel n'explique point. R. d. l'E.

(b) Ce Fait ne fe trouve point dans Valere Maxime, mais dans ce Fragment de Cicéron *de Republica*, Libr. III, confervé par Nonius Marcellus. „ Nam cum quæreretur ex eo, *Quo Scelere compul-* „ *fus Mare haberet infeftum uno Myoparone? Eodem,* „ inquit, *quo tu Orbem Terra.* „ C'eft tout ce qu'on fait de cette Avanture. Ce qui peut avoir trompé Villon, c'eft que Valere Maxime, Livre II, Chapitre VIII, Num. 5, fe fert des Mots *Myoparonum Piraticis Roftris.* R. d. l'E.

(1) Cecy eft rapporté par Nonnius Marcellus, qui l'avoit pris du Livre III de la *République* de Cicéron. Le même Fait fe trouve dans Saint Auguftin,

XXI.

Si Dieu m'euſt donné rencontrer
Ung autre piteux Alexandre,
Qui m'euſt faict en bon heur entrer *,
Et puys qu'il m'euſt veu condeſcendre *
A mal; eſtre ards, & mys en cendre,
Jugé me fuſſe de ma voix.
Neceſſité faict gens meſprendre,
Et faim faillir le loup des boys.

marginalia: Diverses Leçons.
* *Qui m'euſt en bon cueur fait entrer* N.
* *Et qui m'y euſt veu condeſcendre.* N.

XXII.

Je plaings le temps de ma jeuneſſe,
Au quel j'ay (plus qu'autre) gallé (*a*),
Juſque à l'entrée de vieilleſſe;
Car, ſon partement m'a celé *.
Il ne s'en eſt à pied allé,
Ne à cheval. Las ! & comment don (*a*) ?
Soudainement s'en eſt vollé,
Et ne m'a laiſſé quelque don.

marginalia: * *Qui ſon partement m'a celé.* N. V.

XXIII.

REMARQUES.

guſtin, Livre IV de la *Cité de Dieu*, Chapitre IV. Voyez Quinte-Curce, Livre VII, Chapitre VIII, n. 19. de l'Edition de Pitiſcus, page 498, & la Note de Freinshemius en cet Endroit.

(*a*) *Gallé.*] C'eſt-à-dire, *Je me ſuis réjouï, je me ſuis donné du bon Temps.* On trouve en ce Sens, dans les *Droits nouveaux* de Coquillart, ces Vers;

    Elle permet ſa Chambriere
    Baiſer, taſter, faire, & galler,
    Au Page Monſieur en derriere:

&, dans ſon *Monologue des Perruques*, ceux-ci;

    Frere Berulle, & Dom Fremin, . . .
    S'ur Queue de leur Parchemin, . . .
    Ont bien gaudi, & bien gallé,
    En lieu de dire leurs Matines. R. d. l'E.

(*a*) *Don*, pour *donq*, par trop grand' Licence poëtique.

TESTAMENT.

XXIII.

Allé s'en est, & je demeure *
Pauvre de sens & de sçavoir,
Triste, failly (*a*), plus noir que meure.
Je n'ay ne cens, rente, ne avoir * :
Des miens le moindre (je dy voir)
De me desavouër s'avance ;
Oublyans naturel devoir *,
Par faulte d'ung peu de chevance (*b*).

XXIV.

Si ne crains je avoir despendu
Par friander * ne par lescher,
Ne par trop aymer riens vendu *,
Qu'amys me sceussent reprocher,
Au moins qui leur couste trop cher.
Je le dy, & ne crains mesdire :
De ce ne me puys je revencher (*a*).
Qui n'a meffaict, ne le doit dire.

XXV.

DIVERSES LEÇONS.

* *Elle s'en va & tu demeure* N.

* *Je n'ay cens, rente, ne avoir.* N. La Leçon de M. est celle de V.

* *Sens & naturel devoir.* N. V.

* *Friandises.* N.

* *Par trop aymer n'ay riens vendus.* N.

REMARQUES.

(*a*) *Failly.*] C'est-à-dire, *indolent, paresseux, découragé*: vieux Mot, que n'ont point expliqué Nicod, Ménage, Caseneuve, & Borel ; mais, qui se trouve fort agréablement employé dans ce Badinage de Voiture & de ses Amis:

    Ce failly *Glouton d'Arnaldus*
        Est moult eschars de son Langage.
    Quand tels Ribauds seroient pendus,
    Ce ne seroit jà grand Dommage. R. d. l'E.

(*b*) *Chevance.*] Borel, Ménage, & Caseneuve, n'expliquent point ce vieux Mot. Nicod l'expose par *Secours*, & le traduit en Latin *Auxilium*. Mais, il signifie plûtôt ici, *Bien, Possession* : & c'est en ce Sens, que le satirique Richelet a dit: *Toute la Chevance de S. V. consiste en un Habit retourné, une vieille Tignasse, un Arétin, & un Rabelais.* R. d. l'E.

(*a*) *Revencher:*]. Revenger est le vray Terme. Lisez, *De ce me puis je revencher.* Ad. d. l'E.

XXV.

Bien est il vray que j'ay aymé,
Et aymeroye voulentiers.
Mais, triste cueur, ventre affamé,
Qui n'est rassasié au tiers,
Me oste des amoureux sentiers.
Au fort quelqu'un s'en recompense,
Qui est remply sur les chantiers (a);
Car de la panse vient la danse.

XXVI.

He Dieu! se j'eusse estudié,
Au temps de ma jeunesse folle,
Et a bonnes meurs dedié,
J'eusse maison, & couche molle.
Mais quoy! je fuyoye (a) l'escole,
Comme faict le mauvays enfant.
En escrivant ceste parolle,
A peu que le cueur ne me fend.

XXVII.

Le dictz du saige (tres beaulx dictz (b),)
Favorable (& bien en puis mais)

Qui

REMARQUE.

(a) *Remply sur les Chantiers.*] Qui a sa Maison pleine de tous Biens: ou plûtôt ici, qui s'est bien *rassasié*, & a le *Ventre plein*, pour continuër sur le Ton de Villon. Ad. d. l'E.

(a) *Fuyoye.*] Trissillable.

(b.) *Tres-beaux Dictz,*] Qui est ung très-beau Dict.

Qui dit, ,, Esjouys toy, mon filz,
,, Et ton adolescence metz
,, Ailleurs, sert bien d'ung autre mectz;
,, Car jeunesse & adolescence ,,
(C'est son parler, ne moins ne mais (a),)
,, Ne sont qu'abbus & ignorance (*a*). ,,

DIVERSES
LEÇONS.

XXVIII.

,, Mes jours s'en sont allez errant,,
Comme dit Job, ,, d'une touaille
,, Et des filetz, quant tisserant *
,, Tient en son poing ardente paille ; ,,
Car s'il y a nul bout qui faille,
Soudainement il le ravist (*b*).
Si ne crains plus que rien m'assaille,
Car à la mort tout s'assouvyst (b).

* *Sont les filletz d'un Tisserant.*
N. & V.

XXIX.

REMARQUES.

(a) Prenez garde, Lecteurs, à cette Parenthese. *ne moins ne mais*, ne moins ne plus.

(*a*) *Esjouys toy, mon Fils.... Car Jeunesse & Adolescence ne sont qu'Abus & qu'Ignorance.*] Traduction ou Paraphrase libre de ce Passage de l'Ecclésiaste, Chapitre XI, Versets 9 & 10: *Lætare ergo, Juvenis, in Adolescentiâ tuâ, & in Bono sit Cor tuum, in Diebus Juventutis tuæ: & ambula in Viis Cordis tui, & in Intuitu Oculorum tuorum. . . . Adolescentia enim & Voluptas vana sunt.* R. d. l'E.

(*b*) *Mes Jours s'en sont allez . . . Soudainement il le ravist.*] Traduction ou Paraphrase semblable de ce Passage du Livre de Job, Chapitre VII, Verset 6: *Dies mei velocius transierunt quàm a Texente Tela succiditur, & consumpti sunt absque ulla Spe.* R. d. l'E.

(b) *A la Mort tout s'assouvyst.*] Tous Maulx sont saoulz d'assaillir l'Homme: EXCEPTÉ néanmoins l'Envie, qui, malgré le
  Pascitur in Vivis Livor, post Fata quiescit,
d'Ovide; & la trop libre Broderie de Voltaire,

Triste

DIVERSES LEÇONS.

XXIX.

Ou font les gracieux gallans,
Que je fuyvoye au temps jadis,
Si bien chantans, fi bien parlans,
Si plaifans en faictz & en dictz?
Les aucuns font mortz & roydiz,
D'eulx n'eft il plus rien maintenant.
Repos ayent en paradis,
Et Dieu faulve le remenant *.

* *Le re-menant,* c'eft-à-dire *le demourant.*

* *Aultres.* N. & V.

XXX.

Et les aucuns * font devenuz,
Dieu mercy, grans Seigneurs & Maiftres:
Les autres mendient tous nudz,
Et pain ne voyent qu'aux feneftres (a).
Les autres font entrez en cloiftres
De Celeftins, & de Chartreux,

Bottez,

REMARQUES.

Trifte Amante des Morts, elle hait les Vivans; pourfuit obftinément les Morts jufques dans le Tombeau, & fubfifte depuis des Siécles entiers contre les plus grands Hommes. *Ad. d. l'E.*

(a) *Et Pain ne voyent qu'aux Feneftres.*] Qui ne voïent de Pain, que celui qui eft étalé aux *Fenêtres* de ceux qui ont le Droit d'en vendre de cette forte. Voïez Du-Cange, au Mot *Feneftragium.* C'étoit encore aux *Fenêtres,* que les Boulangers de Paris étaloient autrefois le Gros-Pain, que, par cette Raifon, on appelloit *Pain de la Fenêtre*; le *petit Pain,* ou *Pain-mollet,* s'enfermant dans le Fond de la Boulangerie. *Pain de la Feneftre,* c'eft *ater Panis,* dit Nicod, après le *Dictionaire François & Latin* de Robert Etienne. *Paris* 1549, *in folio.*

TESTAMENT. 41

Bottez, housez, com pescheurs d'oystres (a).
Voyla l'estat divers d'entre eulx.

XXXI.

Aux grans Maistres Dieu doint bien
 faire (b),
Vivans en paix, & a recoy.
En eulx il n'y a que refaire:
Si s'en fait bon taire tout coy.
Mais aux autres, qui n'ont dequoy,
(Comme moy) Dieu doint patience.
Aux autres (c) ne fault qui ne quoy,
Car assez ont pain & pitance.

XXXII.

Bon vins ont souvent embrochez (1) (a),
 Saul-

REMARQUES.

(a) *D'oystres:*] d'Huystres. JEAN DE MEUNG a employé ce même Mot dans son *Codicille*, ainsi:
 Car ne prise le Monde
 La Montance d'une Oystre. *Ad. d. l'E.*

(b) Ici Villon reïtere artificiellement ce qu'il a dit au précédent Couplet.

(c) *Aux autres:*] à ceulx qui sont entrez en Cloîtres.

(1) *Embrochez.*] Le Vin *en broche* est celuy qui est en perce. Voyez Ragueau sur *Forage*.

(a) *Vins ..... embrochés.*] Avalez à pleins *Brocs:* ou bien, mis en perce, & bouchés d'une *Broche*. La Legende de M. Pierre Faifeu d'Edition de Paris 1723, pages 96 & 97, dit:
 Lieu n'ont trouvé où y eust Vin en broche
 Sur le Chemin, que Faitfeu ne desbroche
 De sa Bougette Argent sans estre chiche.
 S'il peust sortir de leurs Mains il fust riche.

Saulces, brouëtz, & gras poiſſons;
Tartres, flans, œufz fritz & pochez,
Perduz (a), & en toutes façons *.
Pas ne reſſemblent les maçons,
Que ſervir fault à ſi grand' peine:
Ilz ne veulent nulz eſchançons,
Car de verſer * chaſcun ſe peine.

DIVERSES LEÇONS.
* Et perdrix en toutes ſaiſons. N. & V.
* De ſoy verſer. N. & V.

XXXIII.

En ceſt incident me ſuys mys,
Qui de rien ne ſert à mon faict.
Je ne ſuys juge, ne commis,
Pour punyr n'abſouldre meſfaict.
De tous ſuys le plus imparfaict.
Loué ſoit le doulx Jeſus-Chriſt.
Que par moy leur ſoit ſatisfaict.
Ce que j'ay eſcript eſt eſcript (b).

XXXIV.

(Laiſſons le monſtier ou il eſt:)
Parlons de choſe plus plaiſante.
Ceſte matiere à tous ne plaiſt:

En-

REMARQUES.

(a) Oeufs . . . . perduz.] C'eſt un Manger Florentin. Platine a fait, des Oeufs frits, & des Oeufs perdus, deux Chapitres du IX Livre de ſon Traité de Opſoniis. Ils n'ont point été oubliés par Rabelais dans ſon Chapitre des Ragouts des Jours maigres, le LX du IV Livre de ſon Pantagruel.

(b) Ce que j'ay eſcript eſt eſcript.] C'eſt la Maxime de Pilate, Jean XIX, 22: & la voilà aſſez ſinguliérement accrochée à cette Priere à Jeſus-Chriſt. R. d. l'E.

TESTAMENT. 43

Ennuyeuſe eſt, & deſplaiſante.
Pauvreté, chagrine, dolente,
Tousjours deſpiteuſe & rebelle,
Dit quelque parolle cuyſante:
S'elle n'oſe, ſi le penſe elle.

DIVERSES
LEÇONS.

XXXV.

PAUVRE je ſuys de ma jeuneſſe,
De pauvre & de petite extrace (a).
Mon pere n'eut onq' grand' richeſſe,
Ne ſon ayeul nommé Erace (a).
Pauvreté tous nous ſuyt & trace (b).
Sur les tumbeaulx de mes anceſtres
(Les ames deſquelz Dieu embraſſe)
On n'y voit couronnes ne ſceptres.

Notez bien.

XXXVI.

DE pauvreté me guementant (b),
Souventesfoys me dit le cueur:
„ Homme, ne te douloufe tant (c),
„ Et

REMARQUES.

(a) *Extrace.*] Origine: ou *Extraction*. L'ancienne Verſion manuſcrite d'Ovide écrit *Eſtrace*, & dit:

    Li fel jayant de pute Eſtrace;
    C'eſt-à-dire,
    Le félon vient de vile Extraction. Ad. d. l'E.

(a) *Erace.*] Nom de Baptême, qui ne m'eſt point connu.

(b) *Nous ſuit & trace.*] Nous *traque*, marche ſur nos *Traces.*

(b) *Me guementant:*] Me complaignant, me ſouciant.

(c) *Ne te douloufe:*] Ne te plains, ou ne t'afflige.

DIVERSES "Et ne demaine tel douleur,
LEÇONS. " Si tu n'as tant que Jacques Cueur (a).
" Myeux vault vivre foubz gros bureaux(1)
* Bar- " Pauvre *, qu'avoir efté Seigneur,
reaulx
Pourry. N. " Et pourrir foubz riches tumbeaux. "
& V.

XXXVII.

Qu'avoir efté Seigneur ! Que dys ?
Seigneur, helas ! ne l'eft il mais (b) :
Selon les auctentiques dictz,
Son lieu ne congnoiftra jamais (a).
Quant du furplus je m'en defmectz ;
Il n'appartient à moy pecheur.
Aux Theologiens (c) le remectz,
Car c'eft office de prefcheur.

XXXVIII.

REMARQUES.

ge. Autrefois, on difoit de même *fe douloir*, témoin ce Proverbe :

Femme fe plaint, Femme fe deult,
Femme pleure, quand elle veult. Ad. d. l'E.

(a) *Jacques Cueur.*] Grand Argentier de France. Aïant été accufé d'Exaction & de Concuffion en 1452, il fut condamné à faire Amende honorable, & à perdre tous fes Biens, en 1453 : mais, peu de tems après, il fut rétabli par le Parlement. *Ad. d. l'E.*

(1) *Gros bureaux :*] Groffes Etofes, ou Etofes de Bure.

(b) *Mais :*] Plus.

(a) *Selon les auctentiques Dictz, fon Lieu ne congnoiftra jamais.*] La Vulgate, au Pfeaume qu'elle compte pour le XXXVI, dit : *Vidi Impium fuperexaltatum & elevatum, ficut Cedros Libani. Et tranfivi, & ecce non erat ; & quæfivi eum, & non eft inventus Locus ejus.*

(c) *Théologiens.*] Eft de cinq Sillabes, mais icy eft quadrifillabe.

TESTAMENT.

XXXVIII.

Si ne fuys (bien le confidere)
Filz d'ange portant dyademe (a)
De eftoille ne d'autre fydere * (a).
Mon pere eft mort (b): Dieu en ayt l'ame;
Quant eft du corps, il gyft foubz lame (b).
J'entends que ma mere mourra;
Et le fçait bien la pauvre femme:
Et le filz pas ne demourra.

* *Si me fuis bien confidere filz d'ange portant diademe de telle ne d'autre fydere.* N. & V.

XXXIX.

Je congnoys que pauvres & riches,
Sages & folz, prebftres & laiz,
Nobles, vilains, larges & chiches,
Petiz & grans, & beaulx & laidz,
Dames à rebraffez colletz (c),

De

REMARQUES.

(a) *Dyademe:*] Fault prononcer *Diadame*, à l'antique, ou à la Parifienne.

(a) *Filz d'Ange portant Dyademe de Eftoille ne d'autre Sydere.*] Je ne fuis point de Race royale. L'Ecriture qualifie les Roys de *Fils du Très-Haut*, & d'*Enfans du Souverain*. Ici, *Fils d'Ange* pourroit bien s'entendre de *Grands-Seigneurs* non *Souverains*.

(b) *Mon Pere eft mort.*] Donc, *Guillaume Villon*, dont parle ci-deffous le LXXVI Huitain, ne fauroit être fon Pere, comme on le dit mal-à-propos dans la *Table des Familles de Paris*. R. d. l'E.

(b) *Soubz Lame:*] Soubz Tumbe.

(c) L'Habit des Dames du Temps de Villon: COLLETS *retrouffez* fort haut, & au milieu defquels la Tête étoit comme dans une Niche. Cette Mode a long-tems été en Ufage, comme il paroit par les Tapifferies & les Tableaux du Tems. *Ad. d. l'E.*

46 LE GRAND

DIVERSES De quelconque condicion,
LEÇONS. Portant attours & bourreletz (a),
Mort saisit sans exception.

XL.

*Et mou-
rut Paris &
Helaine.
N. & V.
* Quicon-
que meurt,
c'est à dou-
leur. N. &
V.

ET meure Paris ou Helene *,
Quiconque meurt, meurt à douleur *.
Celluy, qui perd vent & alaine,
Son fiel se creve sur son cueur ;
Puys sue, Dieu sçait quel sueur :
Et n'est qui de ses maulx l'allege ;
Car enfans n'a, frere, ne sœur,
Qui lors voulsist estre son pleige (b).

XLI.

LA mort le faict fremir, pallir,
Le nez courber, les veines tendre,
Le col enfler, la chair mollir,
Joinctes (c) & nerfz croistre & estendre.
Corps feminin, qui tant est tendre,
Polly, souëf, si gracieux,
Fauldra il à ces maulx entendre ?
Ouy (a), ou tout vif aller es cieulx.

I. BAL-

REMARQUES.

(a) *Bourreletz.*] Coëffure des Femmes de ce Tems-là, appellée aussi *Chaperons.* Celle des Hommes, quoique différente, portoit aussi les mêmes Noms. Voïez sur ces Mots nos *Dictionaires* de vieux Termes. R. d. l'E.

(b) *Voulsist estre son Pleige.*] C'est-à-dire, sa Caution, ou plûtôt païer pour luy. R. d. l'E.

(c) *Joinctes.*] C'est-à-dire, *Joinctures.* R. d. l'E.

(a) *Ouy.*] Monosillabe.

TESTAMENT.   47

DIVERSES LEÇONS.

I. BALLADE,

Des Dames du Tems jadis.

I.

Dictes moy, ou, ne en quel pays,
Eſt Flora la belle Romaine,
Archipiada (*a*), ne Thaïs,
Qui fut ſa couſine germaine?
Echo, parlant quand bruyt on maine
Deſſus riviere ou ſus eſtan,
Qui beaulté eut trop plus que humaine?
Mais ou ſont les neiges d'antan (1)?

II.

Ou eſt la treſſage Heloïs,
Pour qui fut haſtre (& puys Moyne)
Pierre Esbaillart à Sainct Denys,

       Pour

REMARQUES.

(*a*) *Archipiada.*] Apparemment la Courtiſane *Archippa*, Amante de Sophocle, citée au XIII Livre d'Athénée, pag. 592 de l'Edition de Caſaubon, Lyon 1657. Ce qui me le fait ſoupçonner, c'eſt que, comme plus bas Huitain III de la *double Ballade*, de *Sardanapale* VILLON a fait *Sardina*, on voit que, ſans ſcrupule, il allongeoit & accourciſſoit les Noms propres, pour les accommoder à la Meſure de ſes Vers.

(1) *Les Neiges d'antan:*] c'eſt-à-dire d'avant l'An, ou les Neges des Années paſſées.

Pour son amour eut cest essoyne (a)?
Semblablement, ou est la Royne,
Qui commanda que Buridan
Fust jetté en ung sac en Seine (b)?
Mais ou sont les neiges d'antan?

III.

La Royne blanche comme ung lys,
Qui chantoit à voix de Sereine?
Berthe au grand pied (c), Bietris (d), Allys (e),

Ha-

REMARQUES.

(a) *Essoyne.*] Selon Du-Cange, *enseigne*, *essoine*, & *exoine*, viennent tous trois d'*Insignium*, dans la Signification de *Signum*. Villon veut dire, que, par ses Galanteries, Abailart s'attira certaine Marque ou *Enseigne*, qui, toute sa Vie, lui servit de légitime *Essoine* envers d'autres Donzelles, qui auroient voulu le provoquer au Jeu d'Amour. Dans quelques-unes de nos Coûtumes, l'ancienne lit *enseigne* où la nouvelle lit *essoine*. Borel explique *Essoyne* par *l'unition*; & c'est ce qui convient le mieux au Cas d'Abailart dont il s'agit ici. *Ad. d. l'E.*

(b) *Qui commanda que Buridan fust jetté en ung Sac en Seine.*] Voïez le *Dictionaire Historique & Critique* de Bayle, à l'Article Buridan.

(c) *Berthe au grand Pied.*] Si cette Berthe est la même de laquelle parle le Proverbe *Du tems que Berthe filoit*, c'est, selon les *Mélanges Historiques*, d'Amsterdam 1718, Article XXXIII, la Veuve de Rodolphe II, Roi de la Bourgogne Transjurane dans le X Siécle. Il est bien étonnant, qu'un Homme aussi routiné dans notre Histoire, que Mr. le Duchat, n'ait point reconnu, dans cette *Berthe au grand Pied*, la Femme de *Pepin le Bref*, dont cette Circonstance à fait passer le Nom en Proverbe. *Ad. d. l'E.*

TESTAMENT.

Harembouges *a*) qui tint le Mayne?
Et Jehanne la bonne Lorraine,
Que Angloys bruflerent à Rouen?
Ou font ilz, Vierge fouveraine?
Mais ou font les neiges d'antan?

IV.

Prince, n'enquerez de fepmaine
Ou elles font, ne de ceft an,
Que ce refrain ne vous remaine,
Mais où font les neiges d'antan?

REMARQUES.

(*d*) *Biétris:*] ou *Biétris*, Femme du Roi de l'Ifle-fort Oriant, & Mere des fept Jumeaux, dont parle le *Roman du Chevalier au Cyne:* ou, plûtôt, *Béatrix* d'Arragon, Reine de Hongrie & de Boheme, dans le XIV Siécle, à qui Philippe de Bergame a dédié fon *Traité des illuftres Dames Chrétiennes:* ou mieux encore quelque autre *Béatrix*; car, ce *Traité* n'aïant été imprimé qu'en 1497, & n'aïant alors été dédié à cette Reine de Hongrie & de Boheme que par un Auteur né feulement en 1434, cette Princeffe n'a pu vivre que vers la Fin du XV Siécle. *Ad. d. l'E.*

(*e*) *Allys.*] Apparemment, *Adelaïde* de Champagne, Fille de Thibaut, Comte de ce Païs-là, dans le XIII Siécle: ou *Alix*, Comteffe de Bigorre, Fille du Guy de Montfort, Frere du fameux Simon Comte de Montfort, dans le XIII Siécle. Elle git au Monaftere de Montargis, & fon Epitaphe dit, que Guy mourut contre les Boulgres. Daniel, *Hiftoire de France*, Tom. I, page 1377 d'*Edit.* de Paris, 1713, *in folio.*

(*a*) *Harembouges.*] Lifez *Harembourges*, & non pas *Harembouges*. Mais, qui eft cette Femme? Il y a eu une *Eremburge*, d'autres difent *Sibylle*, mariée à Foulques, Comte d'Anjou. Elle étoit Fille unique d'Elie de la Fleche, Comte du Maine, mort en 1110.

II. BALLADE,

Des Seigneurs du Temps jadis, ſuyvant le Propos précédent.

I.

QUI plus: ou eſt le tiers Calixte,
Dernier decedé de ce nom,
Qui quatre ans tint le Papaliſte (a) (*a*)?
Alphonſe le Roy d'Arragon (*b*),
Le gracieux Duc de Bourbon (*c*),
* *Duc* N. Et Artus le Roi * de Bretaigne (*d*),
& V.

Et

REMARQUES.

(*a*) *Le Papaliſte.*] Le Siége Papal.

(*a*) *Le Papaliſte.*] Ou, comme on diſoit auſſi, l'*Etat de Papalice*, c'eſt-à-dire, le Siége ou l'Etat Papal. Comme de *Pape* vient *Papiſte*, de même de *Papal* a été fait *Papaliſte*. Dans les *Oeuvres de Gerſon*, Tom. V, pag. 677 de l'Edit. d'Anvers, ſe trouve une Lettre du Duc de Bourgogne à ſes Ambaſſadeurs au Concile de Conſtance, dans laquelle il eſt parlé des Mouvemens que ſe donnoit le Parti des *Armagnacs*, pour remettre Pierre de la Lune dans l'*Etat de Papalice*. AU-RESTE, Calixte III ne tint cet Etat préciſément que trois Ans & demi. *Ad. d. l'E.*

(*b*) *Le Roy d'Arragon.*] Alphonſe le Grand, Roi d'Arragon & de Naples, mort en 1458.

(*c*) *Le gracieux Duc de Bourbon.*] Jean, mort priſonnier en Angleterre en 1434.

(*d*) *Artus le Roy de Bretaigne.*] L'Editeur met ici *Roy*, conformement à l'Edition de Marot.

Mais,

TESTAMENT.

Et Charles septiesme le bon?
Mais ou est le preux Charlemaigne?

DIVERSES LEÇONS.

II.

SEMBLABLEMENT le Roy Scotiste* (a),   * *Scotise.*
Qui demy face eut (ce dit on)   N. *& V.*
Vermeille comme une Amathiste *,
Depuys le front jusqu'au menton (a)?   * *Esma-*
Le Roy de Chipre de renom (b)?   *tice.* N. *&*
Helas! & le bon Roy d'Espaigne,   V.
Duquel je ne sçay pas le nom?
Mais ou est le preux Charlemaigne?

III.

D'EN plus parler je me desiste;
Ce monde n'est qu'abusion.
Il n'est qui contre mort resiste,
Ne qui treuve provision.
Encor' fais une question:
Lancelot le Roy de Behaigne (c),

               Ou

REMARQUES.

Mais, j'aime mieux lire *Duc*, avec les Editions de Verard & de Nivard; étant visible, que VILLON parle ici du Connétable *Artus de Brétagne*, Comte de Richemont, qui fut *Duc* de Brétagne après la Mort de son Frere, & qui mourut en Novembre 1458.

(a) *Scotiste.*] d'Ecosse.

(a) *Comme une Amathiste, depuis le Front jusqu'au Menton.*] Apparemment, quelque fabuleux Roi d'Ecosse, depeint de la sorte dans les Vieux Romans.

(b) *Le Roy de Chipre.*] Pierre de Lusignan, Roi de Chypre, dans le XIV Siécle.

(c) *Lancelot le Roy de Behaigne.*] Ladislas, Roi de Hongrie & de Boheme, mort en 1457.

DIVERSES Ou est il, ou est son Tayon (a)?
LEÇONS. Mais ou est le preux Charlemaigne?

IV.

* *Claquin.*   Ou est Guesclin * le bon Breton,
N. & V.   Et le Comte Daulphin d'Auvergne *,
* *Ou le*   Et le bon feu Duc d'Alençon (a)?
Conte &c.
N.   Mais ou est le preux Charlemaigne?

REMARQUES.

(a) *Tayon:*] Pere-grant, en Langage Picard, duquel Paris tenoit plus alors que à présent. BOREL écrit aussi *Cayon*, mais mal. Le vray Mot est *Tayon*; &, pour exprimer *Bisayeul*, les Picards disent *Ratayon.* Ad. d. l'E.

(a) *Et le bon feu Duc d'Alençon.*] Jean, tué à la Bataille d'Azincourt en 1415.

III. AUs

TESTAMENT.

III. AUTRE BALLADE
à ce Propos, en vieil Langage François.

I.

ET fuſſe ly Sainctz Apoſtoles (a)
D'aulbes veſtuz, demy treſſez * (a),
Qui ne ceinct fors ſainctes Eſtolles *,
     Dont

* D'amitz coëfez. Faucher, pag. 568.

* Qui ſont ſains de ſainctes Eſtolles N. La Leçon de M. eſt celle de V.

REMARQUES.

(a) *Ly Sainctz Apoſtoles.*] Le Pape: & ſe trouve toujours icy le plurier pour le ſingulier, à l'Antique. Il ſe trouve bien ailleurs au ſingulier, comme dans le *Roman de Garin*, où on lit:

Et l'Apoſtoile durement s'en marri,
Par Sainct Sépulchre & Jhéſus-Chriſt vos di,
Venez avant, chil Martel brave Fils,
Je vous octroye, & le Verd, & le Gris,
L'Or & l'Argent dont les Ieres ſont ſaiſis....
Si prenez tout.   Ad. d. l'E.

(a) *D'aulbes veſtuz, demy treſſez.*] La Note marginale dit que, dans Fauchet, pag. 568, il y a *d'Amitz coëffez*. La Citation eſt fauſſe; & même j'ignore où cela ſe lit dans Fauchet. Mais, quoi qu'il en ſoit, cette Leçon ſemble la meilleure, quoi que Marot ait lû autrement dans les Editions qu'il a conſultées. *Demy-treſſez* ne s'entend point, au lieu qu'on ſait que l'*Amict* eſt le Linge blanc, qui couvre la Tête du Prêtre qui officie. Les deux Vers, dont ces Mots font partie, ſont preſque entiérement pris du *Roman de Guyot de Nanteuil*, où, ſelon Borel, on lit:

Dont par le col prent ly mauffez (a);
De mal talent tout efchauffez.
Auſſi bien meurt filz que ſervans:
De ceſte vie ſuys bouffez (b);
Autant en emporte ly vens.

II.

Voire, ou ſont de Conſtantinobles
L'Emperier aux poings dorez (*a*),

Ou

REMARQUES.

Car ou ſont ly Saints Apoſtoiles,
D'Aubes veſtus, d'Amiƈts coeffez?
Et cela confirme la Leçon de Fauchet, & la judicieuſe Adoption qu'en fait Mr. le Duchat. *Ad. d. l'E.*

(a) *Ly Mauffez:*] Le Diable. Borel écrit, en un ſeul Mot, *Lemauſé*; en fait fort plaiſamment un Adjectif, qu'il explique par *enveloppé*; & eſtropie toute la Phraſe, en ces Termes:

Ly Saints Apoſtoles, ...
Qui ſont ſains des ſaintes Eſtolles,
Dont par le Col ſont lemauſtez,
De mal talent tout eſchauffez.

Ad. d. l'E.

(b) *Suis bouffez.*] Suis fâché: ou plûtôt *chaſſé*. Borel dérive, de ce Mot, celui de *s'ébouffer*, *s'époufſer*, répondant à *s'enfuïr*, *eſtre chaſſé*. *Ad. d. l'E.*

(*a*) *L'Emperier aux Poings dorez*,] Qui, quand il vouloit, prenant l'Or à *Poignees* dans ſes Coffres, faiſoit de ſon *Poing un Maillet*, dont, le plus ſouvent, il rompoit, & Murailles, & Portes. Le Moine Glaber, ſous l'Année 1024, Livr. IV, Chap. I, après avoir raconté comment, en cette Année-là, il tint à peu, que, par d'immenſes Préſens au Pape Jean XXI & à ſes Cardinaux, *Baſile*, Empereur de Conſtantinople, n'obtint leur Conſentement à ce qu'à l'égard de l'Orient l'Egliſe de

Con-

Ou de France ly Roy tresnobles,
Sur tous autres Roys decorez,
Qui

REMARQUES.

Constantinople pût prendre le Titre d'*Universelle*, comme, de l'Aveu de cette Eglise, celle de Rome le prenoit à bon Droit par rapport à l'Occident. *Peu s'en falut*, continue cet Historien, comme le fait parler le Plessis-Mornai, dans son *Mystere d'Iniquité*, au feuillet 240. b. de l'Edition de 1612, *in Octavo*: *Peu s'en falut, que ces Grecs, avec un Poing d'Or, ne rompissent un Mur de Fer*. Si l'on en croit Nicod, on n'a jamais dit *Empérier*, mais seulement *Empériere*, qui, selon lui, est le féminin d'*Empereur*; mais, on voit qu'il se trompe: & je suis moi même bien trompé, si le vieux Mot *Empérier*, usité du Tems de VILLON, ne vient d'*Imperiarius*, qu'on aura dit pour *Imperialis*, en sousentendant *Vir* ou *Dominus*, comme pour *pluralis* on a dit *pluriarius*, d'où *plurier*. (Ménage, Origines Françoises, au Mot *Plusieurs*.) L'Adjectif *Apostolicus*, en sousentendant *Vir*, a de même désigné le Pape dans les Auteurs de la basse Latinité.

Comme, au reste, ce n'étoit que depuis peu d'Années, que l'Empire Grec avoit pris fin, lors que VILLON écrivoit son *grand Testament*; & que Constantin Paléologue, le dernier des Monarques Grecs, passe pour un Prince dont l'Avarice égaloit pour le moins les grandes Richesses; peut-être le Poëte a-t-il ici moins en vûë ce Prince en particulier, que généralement tous ceux qui avant lui avoient occupé le Trône de ce riche Empire.

Enfin, je crois que, comme *faire de son Poing un Maillet* est une Expression proverbiale emploïée par Rabelais Livre II, Glaber, en disant, que ces Grecs, dont il parle, avoient cru trop légèrement, qu'avec un Poing d'Or ils romproient le Mur de Fer, derriere lequel demeure inexpugnable la Primauté du Pape, a fait Allusion à ce Proverbe, qui se moque de l'Imprudence de ceux qui emploient des Moïens plus capables de leur nuire, que de faire réüssir leurs Entreprises.

Diverses Leçons.
* Vestist.
N. Bastit.
V.

Qui pour ly grand Dieux adorez
Bastist * Eglises & Couvens ?
S'en son temps il fut honnorez,
Autant en emporte ly vens.

III.

Ou sont de Vienne & de Grenobles
Ly Daulphin, ly preux, ly senez (a) ?
Ou de Dijon, Sallins, & Dolles,
Ly Sires, & ly filz aisnez ?
Ou autant de leurs gens privez,
Heraulx, Trompettes, Poursuyvans,
Ont ilz bien bouté soubz le nez ?
Autant en emporte ly vens.

IV.

Princes à mort sont destinez,
* Et nous Comme les plus pauvres vivans *.
aultres qui
sont vivans.
N. & V.

S'il

REMARQUES.

Sed quid non pertentat cæcus Amor habendi ? Estque Proverbium, Aureo Pugillo Murum frangere ferreum. Ac licet pro tempore Philargyria, Mundi Regina queat appellari, in Romanis tamen inexplebile Cubile locavit. Moriamque ut videre Græcorum sibi deferre fulgidas Opes, versum est Cor illorum ad Fraudulentia Diverticula, pertentantes an forte clanculo concedere qui verent quod petebatur. Sed nequaquam. Non enim potest falli summa Veritas, quæ spopondit, Porta Inferi non prævalebunt adversus eam (Sedem Romanam) Dum ergo. . . . Glaber, Rodulphus, Historiæ Libr. IV, *Cap.* I, *apud* Du-Chesne, Histor. Francor. Tom. IV, Edit. Parif. 1641.

(a) *Ly Senez.*] Le Vieil ou Ancien; & est extraict de *Senex*, Vocable Latin. Borel l'interprete par *Sensé*, aïant bon Sens. *Ad. d. l'E.*

S'ils en sont coursez ou tennez * (a),   Diverses
Autant en emporte ly vens.   Leçons.
                                *Attenez.
                                N. & V.

XLI*.

† Puys que Papes, Roys, filz de Roys,
Et conceuz en ventres de Roynes,
Sont enseveliz, morts, & froidz,
(En aultry mains passent les Regnes;)
Moy, pauvre mercerot de Renes (b),
Mais que j'aye faict mes estrenes (c),
Honneste mort ne me desplaist.

XLII.

Ce Monde n'est perpetuel,
Quoy que pense riche pillart:
Tous sommes soubz coutel mortel *.   *Mortel
                                     Ce *coustel*. V.
                                      N. & Lan-
                                      gelier.

REMARQUES.

(a) *Coursez ou tennez.*] C'est-à-dire, *courroucés*, ou *dépités*. Nicod & Ménage écrivent *tané*, & l'expliquent par *ennuïé*: mais, la vraie Signification est *fatigués*, *rebuttez*; comme dans ces Phrases: *Vous me tennez, vous me fatiguez*; *Vos Discours me tennent, me fatiguent, me rebutent*. Ce Mot n'est guère usité que dans la Picardie. R. d. l'E.

(b) *Mercerot de Renes.*] Non pas qu'il fût de *Rennes*; mais, parce qu'il étoit de ces *petits Mercerots*, dont cette Ville abonde, & qui courent le Païs avec leur Panier sur le Dos.

(c) *Mes Estrenes.*] Mes *Legs*. Mais que j'aye fait; c'est-à-dire, *pourvû que j'aïe fait*, *après que j'aurai fait*, mes *Legs*, la Mort ne me déplait pas. Ad. d. l'E.

DIVERSES Ce confort * prent pauvre vieillart (a),
LEÇONS. Lequel d'estre plaisant raillart
*Et con- Eut le bruyt lors que jeune estoit.
fort. V. On tiendroit a fol & paillart
*Se vieil Vieil, si a railler se mettoit *.
à railler se
mettoit. N.
& V.

XLIII.

         Or lui convient il mendier,
*Force. Car a ce faire * le constrainct,
N. & V. Requiert huy sa mort & hyer (b).
         Tristesse son cueur si estrainct
         Souvent (si n'estoit Dieu qu'il crainct)
         Il feroit ung horrible faict,
         Si advient qu'en ce Dieu enfrainct,
         Et que luy mesmes se deffaict.

XLIV.

         Car s'en jeunesse il fut plaisant
         Orez (a) plus rien ne dit qui plaise,
         (Tousjours vieil Synge est desplaisant (b),)
         Chose ne faict qui ne desplaise.
         S'il se taist (affin qu'il complaise,)
*Receu. V. Il est tenu pour fol receu *:
Recreu (c). S'il parle, on luy dit qu'il se taise,
N.   Et

REMARQUES.

(a) Icy dit Villon, que l'Homme vieil & pauvre se conforte en sa Fin.

(b) *Huy & hier.*] Tousjours.

(a) *Orez.*] Lisez Ores. R. d. l'E.

(b) *Tousjours vieil Synge est desplaisant.*] Un autre Proverbe de pareille Signification dit: *Jamais vieux Singe ne fit belle Mouë.*

(c) *Recreu.*] C'est-à-dire, *las, fatigué, accablé.* R. d. l'E.

TESTAMENT.

Et qu'en son prunier n'a pas creu (a).

XLV.

Aussi ces pauvres femmelettes,
Qui vieilles sont, & n'ont de quoy,
Quand ilz (b) voyent ces pucelletes
Endemenées & a recoy (c);
Ilz demandent à Dieu, pour quoy
Si tost nasquirent, ne à quel droit?
Tout le monde s'en taist tout coy;
Car au tanser (d), on le perdroit.

* *En admenez & en arquoy.* N.
En admenez & à requoy. V.

REMARQUES.

(a) *Et qu'en son prunier n'a pas creu.*] D'un Homme, qui se pare de quelque Pensée d'autrui, nous disons encore par forme de Proverbe, que cette Pensée n'est pas du Crû de son Jardin.

(b) *Ilz.*] Au lieu d'*elles*; s'agissant-là de ces *pauvres vieilles Femmelettes.* R. d. l'E.

(c) *Endemenées & a recoy.*] Fringantes & reposées.

(d) *Au Tanser.*] C'est-à-dire, en la *Censure* ou *Repréhension.* On disoit aussi *Tenson*, au Sens de *Menace* & *Querelle.* C'est ainsi que, dans le *Roman de la Rose*, on trouve,

Tousjours y a si grand Tenson;

& que le *Blason des faulses Amours* dit agréablement:

Regrets, Tensons,
Pleurs, & Chansons,
Font les Façons
D'amoureuse Chevalerie.

R. d. l'E.

IV. LES REGRETZ
de la belle Heaulmyere jà parvenue a Vieillesse *.

[* Voicy le Titre de cette Piéce, suivant l'Edition de Verard, & celle de Niverd: *Comment Villon veyt à son advis la belle Heaumiere soy complaignant.*]

I.

Advis m'est que j'oy regretter
La Belle qui fut Heaulmyere,
Soy jeune fille souhaitter,
Et parler en ceste maniere:
,, Ha! vieillesse felonne & fiere,
,, Pourquoy m'as si tost abatue?
,, Qui me tient? qui? que ne me fiere (a),
,, Et qu'a ce coup je ne me tue?

II*.

[* Il y a dans l'Edition de V. en Titre: *La Vieille regretant le Temps de sa Jeunesse.*]

,, Tollu m'as la haulte franchise (b),
,, Que beaulté m'avoit ordonné,
,, Sur clercz, marchans, & gens d'Eglise;
,, Car lors il n'estoit homme né,
,, Qui

REMARQUES.

(a) *Que ne me fiere.*] C'est-à-dire, *que je ne me frappe*: Borel observe, que, dans la Version manuscrite d'Ovide, on lit:
   Et de son Branc d'Acier le fiert,
pour dire *frappe*. R. d. l'E.

(b) *La haulte Franchise.*] Cela veut dire, la *haute Domination*, le *haut Empire*, le *grand Pouvoir*. R. d. l'E.

„ Qui tout le fien ne m'euſt donné,
„ (Quoy qu'il en fuſt des repentailles (*a*),)
„ Mais que luy euſſe abandonné
„ Ce que reffuſent truändailles (*b*).

III.

REMARQUES.

(*a*) *Des Repentailles.*] Dût-il s'en repentir bien-tôt, comme auroit fait Démoſthene, s'il avoit accordé à la Courtiſane Laïs le Prix qu'elle avoit mis aux Faveurs qu'il exigeoit d'elle. Ce qu'autrefois on appelloit proprement *Repentailles* étoit une Clauſe, par laquelle on ſtipuloit certains Mois, pour pouvoir ſe dédire d'une Treve, qui en auroit déja duré quatre, plus ou moins; & qui, ſans cette Clauſe, n'auroit dû finir qu'au bout de ces certains Mois-là. Les *Mémoires* de Commines d'Edition de Bruxelles 1706, Tom. II, pag. 262, parlent d'une Treve de ſept Mois, dont le dernier devoit être de *Repentailles*: &, dans l'*Hiſtoire d'Italie* de Guichardin, Livr. XVII, il eſt parlé d'une autre entre le Pape & l'Empereur, laquelle devoit durer quatre Mois, avec Dédit de deux autres Mois; c'eſt-à-dire, que cette derniere Treve étoit en tout de ſix Mois, dont pourtant les deux derniers étoient de *Repentailles*. C'eſt cette même Clauſe qu'entend Saraſin, par la *Clauſe de ſix Mois*, dont parlent ſes *Stances à Mademoiſelle Bertaud.*

(*b*) *Truändailles.*] Filles & Femmes qui ne font Plaiſir à perſonne. *Cette Truändaille de Monde, qui rien ne preſte*, dit Panurge dans Rabelais, Livr. III, Chap. III. Voïez la Note ſur cet Endroit. Ce Mot s'entend plus généralement de *Gueux* & de *Mendians*; témoins ces Vers du *Roman de la Roſe*:

Quand je vois tous nuds ces Truands
Trembler ſur ces Fumiers puants,
De Froid, de Faim, crier & braire,
Conte ne fais de leur Affaire....
Et priſe, & requiers, & demande,
Comme Mandiant *à* Truande:

III.

,, A maint homme l'ay reffufé,
,, Qui n'eftoit à moy grand' faigeffe,
,, Pour l'amour d'ung garſon ruſé,
,, Au quel j'en feiz grande largeffe.
,, Or ne me faifoit que rudeffe,
,, Et par m'ame a) je l'aymoys bien:
,, Et à qui que feiffe fineffe,
,, Il ne m'aymoit que pour le myen.

IV.

*Or ne me fceut. V.

,, Ja ne me fceut *tant detrayner (a),
,, Fouller aux piedz, que ne l'aymaffe:
,, Et m'euft il faict les rains trayner,
,, S'il me difoit que le baifaffe,
,, Et que tous mes meaulx oubliaffe,
,, Le glouton (b), de mal entaché,
,, M'embraffoit: j'en fuys bien plus graffe!
,, Que m'en refte il? Honte & peché.

V.

,, Or il eft mort paffé trente ans
,, Et

REMARQUES.

& cès autres fi connus de la *grande Bible des Noëls*,
Vous n'eftes rien que Truändailles,
Vous ne logerez points céans. R. d. l'E.

(a) *Par m'ame.*] Par mon ame.

(a) *Detrayner.*] Vieux Mot, négligé par nos *Dictionaires* d'anciens Termes, & différent de *fe detraigner*, qu'on trouvera ci-deffous. R. d. l'E.

(b) *Le glouton.*] Le leſcheur, le paillard.

„ Et je remains (a) vieille chenue.
„ Quand je penſe las! au bon temps,
„ Quelle fus, & ſuis devenue :
„ Quand me regarde toute nue,
„ Et je me voy ainſi changée *,
„ Pauvre, ſeiche, maigre, menue,
„ Je ſuys preſque toute enragée.

DIVERSES LEÇONS.

* Et je me voy ſi tres changée. N. & V.

VI.

„ Qu'EST devenu ce front poly,
„ Ces cheveulx blonds, ſourcilz voultiz,
„ Grand entr'œil, le regard joly (a),
„ Dont prenoye les plus ſubtilz;
„ Le beau nez, ne grand, ne petiz,
„ Ces petites joinctes oreilles,
„ Menton fourchu, cler vis traictis (b)
„ Et ces belles levres vermeilles?

VII (c).

„ CEs gentes eſpaules menues (b),
                                „ Ces

REMARQUES.

(a) *Je remains.*] Je demeure.
(a) *Ce Front poly, ... Regard joly.*] Imitation du *Roman de la Roſe*, où on lit:
> Front reluiſant,
> Yeux vers rians, Sourcis voultis,
> L'Entr'Oeil ſi n'eſtoit pas petis. R. d. l'E.

(b) *Cler Vis traictis.*] Ce beau Teint, & ce *Viſage* à *Traits* réguliers. Céſar de Noſtre-Dame, Tome II, page 17, des *Additions aux Mémoires de Caſtelnau*, parle du *Nez aquilain & bien traict* d'Honnorat de Savoie.

(c) Villon (avecques grant Artifice) reprent icy par Contraires tout ce qu'il a dit aux deux Coupletz précédens, plurier pour ſingulier.

(b) *Eſpaules menues.*] Bien taillées, & non pas
en-

DIVERSES
LEÇONS.
,, Ces bras longs, & ces mains traictisses,
,, Petiz tetins; hanches charnues,
,, Eslevées, propres, faictisses (a),
,, A tenir amoureuses lysses;
,, Ces larges reins, le sadinet
,, Assis sur grosses fermes cuysses
,, Dedans son joly jardinet (b).

VIII.

,, LE front ridé, les cheveulx gris,
,, Les sourcilz cheuz, les yeulx estainctz,
,, Qui faisoient & regars & ris,

Meschans. ,, Dont maintz marchans * furent at-
N. & V.   tainctz:

* *Penden-* ,, Nez courbé, de beaulté loingtains,
ces moussues. ,, Oreilles pendens & moussues *,
V.   ,, Le vis (c) pally, mort, & destainctz,
             ,, Men-

REMARQUES.

encore *toutes bossues*, comme plus-bas la Vieille se plaint que les siennes étoient devenues.

(a) *Hanches charnues, ... faictisses.*] Ce dernier Mot signifie *gentilles*, selon Borel, qui, au lieu des deux prémiers, dit *Branches charnues*; ce qui n'a point de Sens. C'est grand Dommage, que quantité de Passages qu'il cite soient ainsi gatez. R. d. l'E.

(b) *Le Sadinet .... dedans son joly Jardinet.*] Ce prémier Mobile de la plûpart des Desordres du Genre-Humain, qui, après avoir fait faire tant de Sottises aux Hommes, en a fait aussi tant écrire aux Auteurs. C'est un Diminutif de *Sade*, vieux Mot François, par lequel on rendoit autrefois *sapidus*. On en faisoit aussi un Adjectif, comme en ces Vers des *Pardons de S. Trotet*, ancien Poëme:

Et preschent en maintes Sornettes,
Lesquelles sont si sadinettes. R. d. l'E.

(c) *Le Vis.*] Le Visage. R. d. l'E.

„ Menton foncé (*a*), levres peauſſues (*a*).

IX.

„ C'est d'humaine beaulté l'yſſues:
„ Les bras courts, & les mains contraic-
   tes (*b*),
„ Les eſpaulles toutes boſſues.
„ Mammelles, quoy? toutes retraictes.
„ Telles les hanches que les tettes.
„ Du ſadinet, fy (*c*)! Quant des cuyſſes,
„ Cuiſſes ne ſont plus, mais cuiſſettes,
„ Grivelées comme ſaulciſſes (*d*).

X.

„ Ainsi le bon temps regretons,
„ Entre nous pauvres vieilles ſottes,
                               „ Aſſi-

REMARQUES.

(*a*) *Menton foncé.*] Par la Chûte des Dents de devant.

(*a*) *Peauſſues:*] qui ne ſont plus que Peaulx.

(*b*) *Contraictes.*] Retirées, du Latin *contractus*. R. d. l'E.

(*c*) *Telles les Hanches que les Tettes: Du Sadinet, fy!*] Borel, *Tréſor des Antiquitez Gauloiſes & Françoiſes*, page 547, eſtropie tout cela ainſi:
   Telles Hanches que les telles du Sadinet;
ce qui n'a, ni Sens, ni Meſure de Vers. Il en eſt de même de divers autres Paſſages, qu'il cite, & qu'il ſeroit bon de rectifier ſur les Originaux dans une nouvelle Edition de ſon Livre; cet Ouvrage étant maintenant fort rare. R. d. l'E.

(*d*) *Grivelées comme Saulciſſes.*] C'eſt-à-dire, marquetées & bigarrées de diverſes Couleurs, comme les *Sauciſſes*, ou comme le Plumage des *Grives*, qui eſt aſſez varié. R. d. l'E.

66 LE GRAND

Diverses ” Assises bas à croppetons * (a)
Leçons. ” Tout en ung tas comme pelottes,
* Croupe- ” A petit feu de chenevottes (b),
tons. N. & ” Tost allumées, tost estainctes :
V. ” Et jadis fusmes si mignottes !
* Chane- ” Ainsi en prend à maintz & maintes.
votes. N. &
V.

REMARQUES.

(a) *A croppetons.*] C'est-à-dire, *accroupies*, ramassées tout en un Tas. Borel écrit mal *Acroupetons*, & le place mal à l'A. R. d. l'E.

(b) *Chenevottes.*] Tuïaux du Chanvre, dépouillés de leurs Filets, & où il ne reste que le Bois. R. d. l'E.

V. BAL-

V. BALLADE,

& Doctrine de la belle Heaulmiere aux Filles de Joye.

I.

,, OR y pensez, belle Gantiere,
,, Qui m'escoliere souliez estre (*a*);
,, Et vous, Blanche, la Savatiere:
,, Or est il temps de vous congnoistre.
,, Prenez à dextre, & à senestre:
,, N'espargnez homme, je vous prie.
,, Car, vieilles n'ont, ne cours, ny estre,
,, Ne que (*b*) monnoye qu'on descrie.

II.

,, ET vous, la gente Saulcissiere,
,, Qui de dancer estes adextre;
,, Guillemette, la Tapissiere;
,, Ne

REMARQUES.

(*a*) *Qui m'escoliere souliez estre.*] C'est-à-dire, *mon Ecoliere*, comme *m'amie* pour *mon Amie.* H. Etienne, dans ses *Dialogues du nouveau Langage François Italianisé*, pag. 103, a remarqué, que de son Tems on parloit encore en quelques Endroits comme fait ici VILLON: ce qui doit s'entendre du Bas-Languedoc, & particuliérement de la Ville de Nimes, où certaines Femmes disent *m'assiète* au lieu de *mon Assiéte*, *m'escuelle* au lieu de *mon Ecuelle*, &c.

(*b*) *Ne que.*] C'est-à-dire, *Non plus que.* R. d. l'E.

68 LE GRAND

DIVERSES LEÇONS.
," Ne mesprenez vers vostre maistre.
," Tous vous fauldra clorre fenestre,
," Quand deviendrez vieille flestrie :
," Plus ne servirez qu'ung vieil prebstre (a),
," Ne que monnoye qu'on descrie.

III.

," JEHANNETON, la Chaperonniere,
," Gardez qu'amy ne vous empestre:

* Gardez qu'amy ne vous empestre Katherine la Bouchiere. V.
," Katherine, l'Esperonniere *,
," N'envoyez plus les hommes paistre.
," Car, qui belle n'est ne perpetre
," Leur male grace, mais leur rie.
," Laide vieillesse amour ne impetre,
," Ne que monnoye qu'on descrie.

IV.

," FILLES, veuillez vous entremettre
," D'escouter pour quoy pleure & crie:
," Pour ce que je ne me puys mettre
," Ne que monnoye qu'on descrie. ,,

REMARQUES.

(a) *Qu'ung vieil Prebstre.*] Que son grand Age dispense d'officier.

L'AU-

L'AUTHEUR.

XLVI.

CESTE leçon icy leur baille
La belle & bonne de jadis (*a*):
Bien dit, ou mal, vaille que vaille,
Enregiſtrer * j'ay faict ces dictz,
Par mon cler Fremin (*b*) l'eſtourdys,
Auſſi raſſis comme puys * eſtre.
S'il me deſment, je le mauldys:
Selon le clerc eſt deu le maiſtre.

* *En grans regretz*. N. & V.
* *Penſe*. N. & V.

XLVII.

Si apperçoy le grand danger
La ou l'homme amoureux ſe boute (*c*);
Et qui me vouldroit lédanger (*a*)
De ce mot, en diſant: ,, Eſcoute,
,, Si

REMARQUES.

(*a*) *La belle & bonne de jadis.*] La belle Heaulmiere. R. d. l'E.
(*b*) *Cler Fremin:*] ou bien *Clerc*, ou *cher Fremin*. R. d. l'E.
(*c*) *Se boute.*] C'eſt-à-dire, *ſe met*. R. d. l'E.
(*a*) *Lédanger.*] Blaſmer, ou injurier. Dans le *Roman de la Roſe* on lit:

    A luy me plaigny de Danger,
    Qui me volt ainſi lédanger....
    Je connois de piéça Dangier,
    Preſt à meſdire & lédangier.

On a dit auſſi *lédangé*, & *lédangée*. R. d. l'E.

DIVERSES   „ Si d'aymer l'eſtrange (a) & reboute * (b)
LEÇONS.   „ Le barat (c) de celles nommées,
* Ce d'a-   „ Tu fais une bien folle doubte,
mer eſtrange   „ Car ce ſont femmes diffamées.
& reboute.
V.

XLVIII.

„ S'ELLES n'ayment que pour argent,
„ On ne les ayme que pour l'heure (d);
„ Rondement ayment (e) toute gent,
„ Et rient lors que bourſe pleure.
„ De celles-cy on en recœuvre (f):
„ Mais, en femmes d'honneur & nom,
„ Franc homme (ſi Dieu me ſequeure (g),)
„ Se doit employer, ailleurs non. „

XLIX.

* Qu'au-   JE prens qu'aucun dye cecy *,
cunes dient   Si ne me contente il en rien.
cecy. V.

En

REMARQUES.

(a) *L'eſtrange.*] Liſez *t'eſtrange.*, c'eſt-à-dire, *t'éloigne*. R. d. l'E.

(b) *Reboute.*] C'eſt-à-dire, *décourage*, *dégoûte*. R. d. l'E.

(c) *Le barat.*] Ce Mot *Barat* ſignifie *Tromperie*, & revient ici à *Avances trompeuſes*. R. d. l'E.

(d) *On ne les ayme que pour l'heure.*] Ce n'eſt pas un Marché *à vie*, mais ſeulement, comme on parle, *tant tenu, tant païé*.

(e) *Rondement ayment.*] Pour l'Argent. La Monnoie eſt de Forme *ronde*; &, dans Rabelais, certain Elû eſt nommé *Touche-Ronde*, pour cette Raiſon.

(f) *Recœuvre.*] C'eſt-à-dire, *recouvre*. R. d. l'E.

(g) *Me ſequeure.*] M'aide, me ſecourt. R. d. l'E.

En effect, je concludz ainsi,
(Et si le cuyde (1) entendre bien,)
Qu'on doit aymer en lieu de bien.
Assavoir mon si ces fillettes *,
Que en parolles toute jour tien (a),
Ne furent pas femmes honnestes.

DIVERSES LEÇONS.

* Icy s'entend des Filles de Joye.

L.

HONNESTES! Si furent vrayment,
Sans avoir reproches ne blasmes:
Si est vray que au commencement,
Une chascune de ces femmes
Prindrent (avant qu'eussent diffames)
L'une ung clerc, ung lay, l'autre ung moine,
Pour estaindre d'amours les flammes,
Plus chauldes que feu Sainct Anthoine (b).

LI.

OR firent (selon ce decret)
Leurs amys, & bien y appert (a).
Elles aymoient en lieu secret,
Car autre que eulx n'y avoit part.

Tou-

REMARQUES.

(1) *Cuider:*] Croire, estimer. Il vient de *cogitare*.

(a) *Que en parolles toute jour tien.*] Desquelles j'ai parlé tout aujourd'hui. *Toute Jour*, alors féminin, de *tota Die*, comme qui auroit dit *toute la Journée*.

(b) *Plus chauldes que Feu St. Antoine.*] Voïez ci-dessus le *petit Testament*, Huitain XXVI, Note (d). *R. d. l'E.*

(a) Fault dire *appart*, & non *appert*, à l'Usage de Paris.

E 4

Toutesfoys ceste amour se part;
Car celle, qui n'en avoit qu'un,
D'icelluy s'eslongne & despart,
Et ayme myeulx aymer chascun.

LII.

* *L'esmeut.*
N.

Qui les meut * à ce? Je imagine,
(Sans l'honneur des dames blasmer,)
Que c'est Nature feminine,
Que tous vivans veulent aymer.
Autre chose n'y fault rymer,
Fors qu'on dit à Reims, & à Troys,
Voire à Lisle, & Saint Omer,
Que six ouvriers font plus que troys.

LIII.

Or ont les folz amans le bond,
Et les dames prins la vollée (*a*).
C'est le droit loyer qu'amours ont:
Toute foy y est violée.
Quelque doulx baiser, acollée,
De chiens, d'oyseaulx, d'armes, d'amours,
(Chascun le dit à la vollée,)
Pour ung plaisir mille doulours.

REMARQUES.

(*a*) *Or ont les fols Amans le Bond; Et les Dames prins la Vollée.*] Le XVI des *Arrests d'Amour* dit: *Et puis la Dame, en laquelle il se fioit, si l'abandonna, & luy bailla le Bond.* Avoir le *Bond*, pour être abandonné pour un autre par sa *Maîtresse*, est une Figure empruntée du Jeu de Paume, où, pendant qu'une Bale *bondit* & échappe à un des Joüeurs, un autre la prend de Volée.

VI. DOU-

TESTAMENT. 73

DIVERSES LEÇONS.

VI. DOUBLE BALLADE (1),

continuant le prémier Propos.

(1) Dans l'Edition de V. cette Piéce est intitulée *Triple Ballade.*

I.

Pour ce aymez tant que vous vouldrez,
Suyvez assemblées & festes;
En la fin ja mieux n'en vauldrez,
Et si n'y romprez * que voz testes.
Folles amours font les gens bestes :
Salmon (a), en idolatrya,
Sanson en perdit ses lunettes (b),
Bien heureux est qui rien n'y a.

* Et n'y romperez. V.

II.

Orpheus le doulx menestrier,
Jouant de flustes & musettes (a),

Et

REMARQUES.

(a) *Salmon.*] Pour Salomon.
(b) *Ses Lunettes :*]. Ses Yeulx.
(a) *Orpheus* .... *Menestrier, Jouant de Flustes & Musettes.*] Le propre du *Menestrier* est de jouër du *Violon,* ou, comme on disoit autrefois, du *Rebec;* témoins ces Vers des *Satyres Chrestiennes,* Titre aussi contradictoire, que celui de la *Politique Sacrée* de l'Evêque de Meaux:

  Tel Menestrier, tel Rebec,
  Tenant toujours le Verre au Bec.

Le Poëte fait ici *Orpheus* de deux Sillabes, comme *Esmaux* pour *Esmaüs,* ci-dessus Huitain XIII, Remarque (*b*). R. d. l'E.

E 5

DIVERSES Et fut en dangier du meurtrier *
LEÇONS.   Le chien Cerberus à troys testes.
* En fut Et Narciſſus, le bel honneſtes,
en dangier En ung profond puys ſe noya,
de meur- Pour l'amour de ſes amourettes.
trier. V. Bien heureux eſt qui rien n'y a.

III.

SARDINA le preux Chevalier,
Qui conquiſt le regne de Cretes (a),
Et voult devenir moulier (a) (b),
Et filer entre pucellettes.
David, ly Roy, ſaige Prophetes,
Crainéte de Dieu en oublya,
Voyant laver cuiſſes bien faiétes.
Bien heureux eſt qui rien ny a.

IV.

AMMON en voulſt deshonnorer
(Feignant de manger tartelettes),

Sa

REMARQUES.

(a) *Sardina le preux Chevalier, qui conquiſt le Regne de Cretes.*] Aïant déjà remarqué ci-deſſus Ballade I, Huitain I, Remarque (a), que *Sardina* dans celle-ci eſt *Sardanapale*, il me reſte à dire deux Choſes: l'une, que VILLON a changé en *i* l'un des *a* de ce Mot, apparemment pour éviter la Cacophonie; & l'autre, que je ne ſai où cet Homme a pris ce qu'il dit du *Règne de Crête* conquis par Sardanapale. Diodore de Sicile, ni Juſtin, ne diſent rien de cela aux Endroits où ils parlent de ce Prince.

(a) *Moulier.*] Femme.

(b) *Moulier.*] Encore aujourd'hui *Mouilhé*, chés les Toloſains, déſigne une Femme mariée.

TESTAMENT.

Sa sœur Thamar, & deflorer,
Qui fait * (a) incestes deshonnestes (b).
Herodes (pas ne sont sornettes)
Sainct Jehan Baptiste en decolla,
Pour dances, saultz, & chansonnettes.
Bien heureux est qui rien n'y a.

DIVERSES LEÇONS.
* *Qui fist.*
V. & N.

V.

De moy pauvre je vueil parler.
J'en fuz batu comme à ru telles * (a),
Tout nud; ja ne le quiers (c) celer.
Qui me feit mascher ces groiselles,
Fors Katherine de Vauselles,
Et Noé le tiers qui fut la * ?
Mitaines à ces nopces telles (b) (d):
Bien

* *Com à ru toilles.* N.

* *Noé le tiers est qui fut la.* N. & V.

REMARQUES.

(a) Fait:] Lisez *fut.* R. d. l'E.

(b) *Ammon, ... qui fut Incestes deshonnestes.*] Dans le *Blason des faulses Amours* cet Inceste est ainsi décrit:

*Après parlon
Comment Ammon
Thamar força,
Moult l'offensa,
Quand la chassa,
Lamentant sa
Défloraison.* R. d. l'E.

(a) *J'en fuz batu comme à ru telles.*] Comme Toilles à ung Ruisseau. De ces deux Mots, *ru, telles,* Borel n'en fait qu'un, *rontoiles,* & l'explique par *tout nud;* ce qui n'a pas plus de Sens que *lemusset,* ci-dessus page 54. Ad. d. l'E.

(c) *Quiers.*] C'est-à-dire, *veux, prétens.* R. d. l'E.

(b) *Mitaines à ces Nopces telles.*] Chauffez vos Gands à telles Nopces; c'est-à-dire, *arriere de-là.*

(d) *Mitaines à ces Nopces telles.*] C'étoit autrefois

la

Bien heureux eſt qui rien n'y a.

VI.

Mais que ce jeune Bachelier
Laiſſaſt ces jeunes Bachelettes (1):
Non, & le deuſt on vif bruſler,
Comme ung chevaucheur deſcovettes (a),
Plus

REMARQUES.

la Coutume en France, que, lorſque les Gens d'une Nôce bourgeoiſe étoient ſur le point de ſe ſéparer, chacun gantoit ſes Mitaines, & on ſe donnoit réciproquement les uns aux autres des Coups orbes avec la Main fermée & ainſi *emmi-touflée*. On appelloit cela *donner des Nôces*; parce qu'en frapant de la ſorte, *Des Nôces*, diſoit le Frapeur à celui qu'il frapoit, *des Nôces vous ſouvienne*. La Note 4. ſur Rabelais, Livr. IV. Chap. XIV. parle de cette Coutume, à laquelle VILLON fait ici Alluſion.

(1) *Bacheliers, Bachelettes.*] Quand les jeunes Enfans de Qualité n'étoient que ſimples *Eſcuyers*, ils étoient nommez *Valets*. On void encore un Reſte de cet Uſage au Jeu des Cartes, où le Fils du Roy eſt appelé *Valet*. A vingt ou vingt-&-un An, quand ils poſſédoient des *Fiefs de Haulbert*, ils étoient obligés de ſe faire *Chevaliers*. Quand ils avoient un Nombre ſuffiſant de Terres ou de *Bachelles*, pour lever *Banſere*, ils étoient *Banerets*. Et quand ils n'en avoient pas aſſez, ils reſtoient *Chevaliers-Bacheliers*. Et comme les Gentilshommes étoient *Bacheliers* de bonne heure, dé-là vient que les jeunes Gens ont été nommez *Bacheliers*, & les jeunes Demoiſelles *Bachelettes*. Ce Nom a paſſé enſuite à nos Ecôles, où le Nom de Bachelier eſt fort connu.

(a) *Chevaucheur deſcovettes:*] Chevaucheur de Balais, Sorcier. Lisez *d'Eſcouvettes*. Ce Terme vient d'*Eſcoubo*, Mot Languedocien, qui ſignifie *Balai*. Les Idiots s'imaginent bonnement, que les Sorciers & les Sorcieres ſe font tranſporter au Sa-
bat,

Plus doulces luy sont que civettes * ;   DIVERSES
Mais toutesfoys fol s'y fia.   LEÇONS.
Soient blanches, soient brunettes (a),   * Finettes.
Bien heureux est qui rien n'y a.   N. & V.

LIV.

† Si celle que jadis servoye
De si bon cueur & loyaument,
Dont tant de maulx & griefz j'avoye,
Et souffroye tant de tourment;
Si dit m'eust au commencement
Sa voulenté (mais nenny, las!)
J'eusse mys peine seurement
De moy retraire de ses las (b).

LV.

Quoy que je luy voulsisse dire,
Elle estoit preste d'escouter,
Sans m'accorder ne contredire :
Qui plus est, souffroit m'acouter *
                                          * Souffroit
Joi- escouter. N.
                                          & V.

REMARQUES.

bat, à califourchon sur une *Escouvette* ou un *Balai*:
& les Prêtres, intéressés à faire valoir cette ridicule Imagination, les y confirment & entretiennent
très frauduleusement. R. d. l'E.

(a) *Soient blanches, soient brunettes.*] Lisez, *Soient
elles blanches, soient brunettes.* R. d. l'E.

(b) *De moy retraire de ses Las :*] ou *Lacs.* C'est-à-
dire, *de me retirer de ses Chaines,* ou *Filets.* R. d.
l'E.

DIVERSES Joignant elle * pres s'accouter (a);
LEÇONS. Et ainsi m'alloit amusant,
*Joignant Et me souffroit tout racompter:
d'elle. V. & Mais ce n'estoit qu'en m'abusant.
N.

LVI.

ABUSÉ m'a, & faict entendre,
*Ce fust. Tousjours d'ung que c'est * ung aultre:
V. De farine, que ce fust cendre;
D'ung mortier (1), ung chapeau de feau-
tre (a);
De vieil machefer, que fust peaultre (2) (b);
D'am-

REMARQUES.

(a) *M'accouter . . . s'accouter.*] Je *m'accoudois* sans façon devant elle; &, loin de le trouver mauvais, elle venoit se mettre à côté de moi.

(1) *Ung Mortier.*] C'étoit une espece de Bonnet, qui est encore l'Ornement de Messieurs les Présidens des Parlemens.

(a) *Feautre:*] Futtre.

(2) *Peaultre.*] Anciennement, le jeune Cheval, qu'on nomme aujourd'huy Poullain, étoit appellé *Poultrain* & *Peaultre*, & la jeune Jument, *Poultre* ou *Poutre*: & de-là vient, que les grosses Piéces de Bois, qui portent les Solives, sont nommées *Poutres*.

(b) *De vieil Machefer, que fust Péaultre.*] De *vieille Ecume de Fer*, que ce fût de l'*Etain fin*. Nous appellons *Machefer* l'Ecume qui s'éleve sur le Fer que le Feu de la Forge a rendu liquide: & ce Mot est une Corruption de *Maille-fer*, comme qui diroit du *Fer maillé*; les Bouteilles de cette Ecume, lors qu'elles viennent à se crever, devenant autant de *Mailles*, ou de Trous, qui ne ressemblent pas mal à ceux de la Pierre-ponce. *Peaultre*, vieux Mot François, qui, dans la Signification d'*Etain-fin*, comme est l'Etain d'Angleterre, ne s'est conservé

que

TESTAMENT.

D'ambefas, que ce fuffent ternes (*a*). DIVERSES
Tousjours trompeur aultruy engeaul- LEÇONS.
tre (*a*) (*b*),
Et rend (*c*) veffies pour lanternes.

LVII.

Du ciel, une paefle d'arain;

Des

REMARQUES.

que dans l'Expreffion Proverbiale dont il s'agit, vient de *Pewter*, comme les Anglois appellent leur Etain : & c'eft, ou de ce Mot Anglois, ou du vieux François *Peaultre*, que les Italiens ont fait leur *Peltro*, Mot qui chés eux a la même Signification. *Peautre*, c'eft proprement de l'Etain raffiné avec du Vif-Argent. *Peautre* a fignifié auffi une efpece de *Fard*: & c'eft en ce Sens que Regnier, parlant des Coquettes dans la IX de fes *Satires*, a dit:

Leur Vifage reluit de Céruse & de Peautre,
Propres en leur Coeffure, un Poil ne paffe l'autre.

Selon Borel, *Peautre* fignifie encore une Sorte de Bled appellé *Zea*: & *Peautre* d'un Bateau en eft le Gouvernail. Au furplus, la Note précédente (2) ne vaut rien qu'à fupprimer.

(*a*) *D'ambefas, que ce fuffent ternes.*] Termes du Jeu de Trictrac. C'eft-à-dire ici, que les Dez amenant les deux *As*, la Maitreffe les lui paffoit pour les deux *Trois*. Borel entend par *Terne* un *Oifeau*, & change ainfi ce Vers,

De Bufars que ce fuffent Ternes;

Liberté, qu'il fe donne trop fouvent, comme je l'ai déja remarqué ci-deffus, page 65, Remarque (*c*). R. d. l'E.

(*a*) *Engeaultre.*] Trompe, deçoit.

(*b*) *Engeaultre.*] C'eft-à-dire, engeole: d'*ingabiolaturare*, comme *peinturer* de *picturare*; ou d'*ingobiolatare*, comme, felon Ménage, *vautrer* de *velutare*.

(*c*) *Rend*:] ou plûtôt *vend*. R. d. l'E.

<small>DIVERSES LEÇONS.</small> Des nues, une peau de veau;
Du matin, qu'eſtoit le ſerain;
D'un trongnon de chou, ung naveau;
D'orde cervoiſe, vin nouveau;
D'une tour, ung molin à vent;
Et d'une haye, ung eſcheveau;
D'un gros Abbé, ung Pourſuyvant (*a*).

LVIII.

Ainsi m'ont amours abuſé,
Et pourmené de l'huys au peſle * (*b*).
Je croy que homme n'eſt ſi ruſé,
(Fuſt fin comme argent de crepelle * (*c*))
Qui n'y laiſſaſt linge & drapelle (*d*).

<small>* D'huys en peſle. N.
* Capelle. N. & V.</small>

Mais

REMARQUES.

(*d*) *D'ung gros Abbé ung Pourſuivant.*] Un *Pourſuivant* eſt ici un Coureur de Bénéfices; Métier, qui n'engraiſſe pas. Borel l'explique de même d'une Coquete *amoureuſe* & *poſtulante*; témoins ces Vers du *Blaſon des fauſſes Amours*:

Aultre Dépit,
Que ſans Repit
Femme poſtule.
Qui ne fournit,
On le bannit;
L'Amour eſt nulle. Ad. d. l'E.

(*e*) *De l'Huys au Peſle.*] De la *Porte* au *Poile*, & du *Poile* à la *Porte*, ſans ſouffrir, ni que je me gêle, ni que je me réchauffe; c'eſt-à-dire, *ſans me retenir, ni me congédier.* Du reſte, cette Façon de parler proverbiale fait préſumer, qu'au Tems de Villon, les Poiles étoient plus communs à Paris, qu'ils ne l'ont été depuis.

(*o*) *Crepelle:*] ou plûtôt *Coupelle.* R. d. l'E.

(*d*) *Linge & Drapelle.*] C'eſt-à-dire, la Chemiſe & l'Habit. R. d. l'E.

Mais qu'il fust (a) ainsi manyé
Comme moy, qui par tout m'appelle
L'amant remys (b) & renyé.

LIX.

Je renye Amours, & despite,
Et deffie à feu & à sang.
Mort par elles me precipite,
Et ne leur en chault pas d'ung blanc (c).
Ma vielle ay mys soubz le blanc.
Amans je ne suyvray jamais:
Si jadis je fuz de leur ranc,
Je declare, que n'en suys mais (d).

LX.

Car j'ay mys le plumail * au vent,   * Plumail.
Or le suyve qui a attente.   N.
De ce me tays doresnavant,
Car poursuyvre vueil mon attente (e).
Et s'aucun m'interrogue ou tente
Comment d'amours j'ose mesdire,
Ceste parolle les contente:
Qui meurt à ses hoirs doibt tout dire.

LXI.

REMARQUES.

(a) *Mais qu'il fust.*] C'est-à-dire, *s'il estoit*, ou *Pourvû qu'il fust*. R. d. l'E.

(b) *L'Amant remys.*] C'est-à-dire, *remis à une autre fois, comme un Pis-aller*.

(c) *Blanc.*] Voïez ci-dessus le Huitain XIX du petit Testament, Remarque (a).

(d) *Mais.*] C'est-à-dire, *Plus*. R. d. l'E.

(e) *Attente.*] Lisez *entente*, c'est-à-dire *intention*, R. d. l'E.

DIVERSES
LEÇONS.

LXI.

JE cognoys approcher ma soif:
Je crache, blanc comme cotton,
Jacobins aussi gros que ung œf (a) (*a*);
Qu'est-ce à dire? quoy? Jehanneton
Plus ne me tiens pour Valeton (1),
Rusé Re- Mais pour ung vieil usé roquart *:
gnart. N. & De vieil porte voix & le ton,
V. Et ne suys qu'ung jeune coquart (2).

LXII.

REMARQUES.

(a) Les anciens disoient *œf* pour *œuf*.

(*a*) *Jacobins.... Oef.*] Plus haut, Huitain XXVII du *petit Testament*, contre la Remarque de Marot, *Oeuf* rime à *Mairebeuf*: &, au Huitain XXXII du *grand Testament*, on lit de même *Oeufz*, & non pas *Oefz*. POUR *Jacobins*, voïez le Huitain XIV du *petit Testament*, aux Remarques (a) & (*a*). Ad. d. l'E.

(1) *Valeton.*] C'est ainsi qu'on nommoit les jeunes Seigneurs. Dans *Ville-Hardouïn*, le Fils de l'Empereur de Constantinople est appellé *Valet*. On void des Restes de cet ancien Usage dans le Jeu des Cartes, où le Valet est le Fils du Roy & de la Reine.

(2) *Et ne suis qu'un jeune Coquart.*] Il faut, ce semble, *Et ne suis un jeune Coquart*. CELA paroit assez bien fondé, pour le premier Sens apparent de VILLON: mais aussi, peut-être a-t-il voulu dire, que, quoi qu'il ne fût encore *qu'ung jeune Coquart*, il portoit déjà *la Voix & le Ton d'ung vieil usé Roquart*; ce qui reviendroit assez au Sens qu'on donne aussi aux Mots de *Coquet*, & de *Coquardeau*, comme en ces Vers:

S'*un* Coquardeau,
Qui soit nouviau,
Tombe en mes Mains,
C'est un Oiseau
Pris au Gluaus
Ne plus, ne moins.

LXII.

Dieu mercy, & Jaques Thibault (*a*),
Qui tant d'eau froide m'a faict boyre,
En ung bas lieu, non pas (*b*) en ung hault *,
Manger d'angoisse mainte poire (*c*),
Enferré. Quand j'en ay memoire,
Je pry pour luy (*& reliqua*,)
Que Dieu luy doint (& voire voire (*d*),)
Ce que je pense, *& cetera* (*e*).

* *Non pas en hault.* N.

LXIII.

REMARQUES.

Quoi qu'il en soit, ce Mot se prend en un Sens tout opposé, dans ce Vers,
    Et toi Coquart vieil Loricart,
du fameux Noël *Laissez paistre vos Bestes*, qui n'est peut-être gueres moins ancien que les Poësies de VILLON. R. d. l'E.

(*a*) *Et Jaques Thibault.*] Ce *Jaques Thibault* est le même que le *Thibault d'Aussigny,* nommé ci-dessus Huitain I, & prouvé Evêque d'Orléans ; témoin son *Official* indiqué dans le Huitain suivant. R. d. l'E.

(*b*) *Non pas.*] Otez ce *pas*. R. d. l'E.

(*c*) *M'a faict ... Manger d'Angoisse mainte Poire.*] C'est-à-dire, m'a détenu en longue Misère & fâcheuse Affliction. Un Partisan, ou Coureur de Païs, du Tems de Henri IV, fit de cette Expression métaphorique une Réalité infernale, aïant imaginé sous ce Nom une Machine diabolique, qu'il mettoit dans la Bouche de ses Prisonniers, & dont on peut voir la Description dans l'*Histoire Universelle* de d'Aubigné, Tome III, colonne 631, de la bonne Edition de Geneve 1626. R. d. l'E.

(*d*) *Voire, voire.*] Espece d'Interjection, emploïée ici ironiquement, & pour marquer, que le Poëte pense tout autrement qu'il ne dit. R. d. l'E.

(*e*) *Que Dieu lui doint .... ce que je pense, & cetera.*] On a pu voir ci-dessus à la Fin du VI Huitain, Rem. (*b*), le But de cette prétendue Priere. R. d. l'E.

LXIII.

Toutesfois je n'y pense mal,
Pour luy, & pour son lieutenant,
Aussi pour son official,
Qui est plaisant & advenant:
Que faire n'ay du remenant (a),
Mais du petit maistre Robert (b).
Je les ayme tout d'ung tenant,
Ainsi que Dieu fait le Lombart.

LXIV.

Si me souvient bien (Dieu mercys,)
Que je feis à mon partement (a)
Certains lays l'an cinquante six (c),
Qu'aucuns (sans mon consentement)
Voulurent nommer Testament.
Leur plaisir fut, & non le myen.

Mais

REMARQUES.

(a) *Du remenant:*] Du Résidu, du Reste.

(b) Fault prononcer *Robart*, & non Robert, au dict Usage.

(1) *Lombart:*] Usurier.

(a) *Que je fis à mon partement,*] pour le Bannissement; Peine, à laquelle, par conséquent, il avoit été condamné environ l'Année 1456. Ce Bannissement fut de cinq Ans au plus, puisque Villon en étoit de retour en 1461, Date de son *grand Testament*. Cette Date de l'Année 1461, en laquelle Villon reconnoit ci-dessus Huitain XI, qu'il fut *délivré de la dure Prison de Mehun*, prouve bien clairement, que la Fin de cette Remarque n'est pas bien fondée; & qu'en 1461, Villon ne *retournoit* point d'un *Bannissement de cinq Ans*, mais d'un *Emprisonnement dé tout un Eté* seulement, dont il venoit d'être délivré par Louïs XI. *A. d. l'E.*

(c) 1456.

TESTAMENT.

Mais quoy! On dit communement,
Qu'un chascun n'est maistre du sien.

DIVERSES LEÇONS.

LXV.

Et s'ainsi estoit qu'on n'eust pas
Receu les lays que je commande,
J'ordonne que apres mon trespas *
A mes hoirs on face demande
De mes biens une plaine mande (a).
Moreau Provins, Robin Turgis,
De moy (dictez que je leur mande)
Ont eu jusqu'au lict ou je gys * (b).

* *Je vueil qu'apres, mon trespas.* N. & V.

* *Qu'ilz ont eu jusques au lict, ou je gis.* N. & V.

LXVI.

Pour le revoquer ne le dy,
Et y courust toute ma terre (a).
De pitié me suys refroidy
Envers le bastard de la Barre:
Parmy ses troys gluyons de farre (c)

Je

REMARQUES.

(a) *Mande.*] C'est-à-dire, *Manne*. R. d. l'E.

(b) *Moreau Provins, Robin Turgis, ... Ont eu jusqu'au Lict ou je gys.*] Cabaretiers, chés qui il avoit engagé jusqu'à son Lict. Voïez ci-dessous les Huitains LXXXVII & XCII. R. d. l'E.

(a) Fault prononcer *tarre* pour *terre*, & *farre* pour *ferre*, à cause du terrouër.

(c) *Gluyons de farre.*] Liens de Paille. *Gln de Paille*, *Fascia di Paglia*, dit Oudin, au Mor *Glu* de son *Dictionaire François-Italien*. A Paris, *Fouarre*, du bas-Latin *Foderum*, c'est de la Paille. *Gluyon* est un Diminutif de *Glui*, fait du Flaman *Gheluye*, qui est comme au Païs on appelle cette grosse Paille dont on couvre les Maisons. Voïez

Je luy donne mes vieilles nattes;
Bonnes feront pour tenir ferre,
Et foy fouftenir fur les pattes (a).

LXVII.

Somme plus ne diray qu'ung mot,
Car commencer vueil à tefter.
Devant mon cler Fremin (b), qui m'ot (a),
(S'il ne dort) je vueil protefter,
Que n'entends homme detefter *,
En cefte prefente ordonnance;
Et ne la vueil manifefter,
Sinon au Royaulme de France.

* Et de maint homme detefter. N.

LXVIII.

Je fens mon cueur qui s'affoiblift,
Et plus je ne puys papier (1).

Frç-

REMARQUES.

Du-Cange, au Mot *Gelima*; & Ménage, au Mot *Glui*. Et comme on appelle auffi *Gluion* un Botteau de Paille, je foupçonne qu'ici les trois *Gluyens* du Bâtard de la Barre pourroient bien être trois *Gerbes* que ce Bâtard avoit prifes pour Armoiries.

(a) *Bonnes feront pour tenir ferre, Et foy fouftenir fur les pattes.*] Ces vieilles Nattes lui ferviront de Bottines, & lui aideront à fe foutenir fur fes Piés.

(b) *Mon cler Fremin:*] ou, *mon cher Fremin*, ou bien, *mon Clerc*, comme ci-deffus Huitain XLVI. R. d. l'E.

(a) *Qui m'ot :*] Qui me oyt.

(1) *Je ne puis papier :*] Je ne puis parler, ou articuler. Dans la *Farce de Pathelin*, on lit de même:

A peine je puis papier. Ad. d. l'E.

Fremin, siez toy pres de mon lict,
Que l'on ne me viegne espier.
Prens tost encre, plume, & papier *:
Ce que nomme escryz vistement;
Puys fais le par tout copier:
Et vecy le commancement.

DIVERSES LEÇONS.
* Prens encre, plume, & papier.
N. & V.

ICY COMMANCE
VILLON A TESTER.

LXIX.

AU nom de Dieu pere éternel,
Et du filz que vierge parit (a),
Dieu au pere coeternel,
Ensemble du Sainct Esperit,
Qui saulva ce qu'Adam perit (b),
Et du pery pare les Cieulx.
(Qui bien le croyt, peu ne merit (c),)
Gens mortz furent faictz petiz Dieux *.

* *Qui bien le croit pas ne perit, des gens mors ce sont petis Jeux.* V. & N.

LXX.

MORTZ estoient, & corps & ames,
En damnée perdition;

Corps

REMARQUES.
(a) *Parit.*] Enfante.
(b) *Perit.*] Pour *perdit*; mais, il ne se peut dire.
(c) *Ne merit.*] Ne mérite.

DIVERSES Corps pourriz, & ames en flammes,
LEÇONS. De quelconque condition.
Toutesfoys fais exception
Des patriarches & prophetes;
Car, selon ma conception,
Oncques n'eurent grand chault aux fesses.

LXXI.

Qui me diroit: ,, Qui te faict mestre
,, Si tresavant ceste parolle,
,, Qui n'es en Theologie (a) maistre?
Qui n'es- ,, A toy est presumption folle.,,
tes en Theo- C'est de Jesus la parabolle,
logie maistre, Touchant du riche ensevely,
à vous est
presumption En feu, non pas en couche molle,
folle. N. & Et du Ladre (1) au dessoubz de ly.
V.

LXXII.

Si du Ladre eust veu le doi ardre,
Il n'eust ja requis refrigere (a),
Ne eau au bout de ses doiz aherdre (b)
Pour refreschir sa maschouere.

Pions

REMARQUES.

(a) *Theologie*, de quatre Sillabes.
(1) *Ladre*:] Lazare.
(a) *Refrigere*.] C'est-à-dire, *Rafraichissement*. R.
d. l'E.
(b) *Aherdre*:] Prendre, ou attacher, comme au
Roman de la Rose, en ces deux Vers;

Ceux qui ne s'y voudront aherdre,
La Vie leur conviendra perdre. Ad. d. l'E.

TESTAMENT.

Pions (*a*) y feront mate chere (*a*) (*b*), DIVERSES
Qui boyvent pourpoinct & chemise: LEÇONS.
Puisque boyture (*c*) y est si chere,
Dieu nous en gard' (bourde jus mise (*b*).)

LXXIII *.

Ou nom de Dieu (comme j'ay dit,)
Et de sa glorieuse mere
Sans peché, soit parfaict ce dict,
Par moy, plus maigre que chimere.
Si je n'ay eu fievre effimere * (1),
Ce m'a faict divine clemence:
Mais d'autre dueil, & perte amere *,
Je m'en tays, & ainsi commence.

* Avant ce Huitain, dans les Editions de V. & N. il y a en Titre: *Cy commence le Testament.*

* *Se je n'ay ne feu ne lumiere.* N. & V.

* *Ay part amere.* N. & V.

LXXIV.

PREMIER (*d*), j'ordonne ma pauvre ame
A la benoiste Trinité,
Et la commande à Notre Dame,
                                        Cham-

REMARQUES.

(*a*) *Pions.*] Amateurs du *Piot*, Bûveurs, Ivrognes.
(*a*) *Mate Chere:*] Povre & piteuse Chere.
(*b*) *Mate Chere.*] Piteuse Mine. Jean d'Auton, au Chapitre XXXV de son *Histoire du Roi Louis XII*, sous l'Année 1507, où il est parlé de la Guerre de Genes: *Et quand le François à Coups pesans ruoit sur son Homme, iceulx Lombards estraignoient les Dents, & faisoient* matte Chere.
(*c*) *Boyture.*] C'est-à-dire, *Boisson*. Borel l'interprete par *Buvette*, ou *Collation*: mais, ce n'en est nullement-là le Sens en cet Endroit. *R. d. l'E.*
(*b*) *Bourde jus mise:*] Toute Raillerie laissée. Voïez ci-dessous le Huitain CXLI. *Ad. d. l'E.*
(1) *Effimere.*] D'un Jour.
(*d*) *Premier.*] Pour Premierement. *R. d. l'E.*

F 5

Chambre de la Divinité (*a*);
Priant toute la charité (*b*),
Et les dignes anges des cieulx,
Que par eulx soit ce don porté
Devant le trosne precieux.

LXXV.

ITEM, mon corps j'ordonne & laisse
A nostre grand' mere la terre.
Les vers n'y trouveront grand' gresse :
Trop luy a faict faim dure guerre.
Or luy soit delivré grand erre (*c*) :
De terre vint, en terre tourne.
Toute chose (si par trop n'erre)
Voulentiers en son lieu retourne.

LXXVI.

ITEM, & à mon plusque pere,
Maistre Guillaume de Villon (*d*),

Qui

REMARQUES.

(*a*) *Chambre de la Divinité.*] Expression vive & énergique, qui tiendroit bien son Rang dans les *Litanies de la Vierge*. R. d. l'E.

(*b*) *Toute la charité.*] Tout le Chœur des Anges.

(*c*) *Grand' erre.*] De ce pas, sans délai.

(*d*) *Guillaume de Villon.*] VILLON étoit donc le Surnom du Poëte, & non pas *Corbueil*, comme-l'a cru Fauchet, *Origine des Chevaliers*, folio 508. b. de ses *Oeuvres* d'Edition de Paris, en 1610, in 4°, où il a prétendu, que *Villon* n'étoit qu'un Sobriquet de notre Poëte, lequel, selon certaine Epitaphe manuscrite qu'il rapporte, se nommoit CORBUEIL en son Surnom; en quoi Fauchet a été suivi par Ménage au Mot GUILLE de ses *Origines Françoises*.

Mais,

Qui m'a efté plus doulx que mere
D'enfant eflevé de maillon (a),
Qui m'a mys * hors de maint boillon (a).
Et de ceftuy pas ne s'esjoye,
Si luy requiers à genoillon,
Qu'il m'en laiffe toute la joye.

DIVERSES LEÇONS.
*D'ejecté.
N. & V.

LXXVII.

Je luy donne ma librairie,
Et le Rommant de Pet au Diable,
Le quel Maiftre Guy Tablerie
Groffoya, qu'eft hom (b) veritable.
Par cayers eft foubz une table.
Combien qu'il foit rudement faict (b),
La matiere eft fi tres notable,
Qu'elle amende tout le meffaict.

LXXVIII.

REMARQUES.

Mais, ici, VILLON dément cette prétendue Epitaphe, en nommant fon Pere. Ce *Guillaume Villon* n'étoit pourtant pas fon Pere, comme le croit là Mr. le Duchat, & comme l'a mal-à-propos avancé la *Table des Familles de Paris:* & c'eft ce que prouve très-bien ci-deffous l'Auteur de la *Lettre fur Villon.* Ad. d. l'E.

(a) *De maillon.*] De maillot.
(a) *Boillon*] Tribulation.
(b) *Qu'eft hom:*] qui eft homme.
(b) *Le Rommant de Pet au Diable, ... Combien qu'il foit rudement faict* | Roman en Vers apparemment, & dont VILLON étoit Auteur; puis qu'outre qu'il en parle avec beaucoup de Modeftie, & qu'il le légue à fon Pere, les Caïers de la Groffe, qu'il en avoit fait faire, étoient non-reliés fous la Table. On ne fait ce qu'eft devenu ce Roman, qui, vraifemblablement, n'a jamais été imprimé.

92 LE GRAND

DIVERSES LEÇONS.

LXXVIII.

ITEM, donne à ma povre mere,
Pour faluer noftre maiftreffe (a),
Qui pour moy eut douleur amere,
(Dieu le fçait) & mainte trifteffe.
* *Autre chaftel ne fortereffe.* V. Autre chaftel n'ay, ne fortreffe * (a),
Ou me retraye corps & ame,
Quand fur moy court male deftreffe,
Ne ma mere la povre femme.

REMARQUES.

(a) *Donne à ma Mere pour faluer noftre Maîtreffe.*] Cela fignifie, *Je donne à ma Mere la Ballade fuivante, pour faluër noftre Maitreffe*, c'eft-à-dire, la Sainte Vierge, comme on le va bientôt voir. R. d. l'E.

(a) *Fortreffe.*] Pour *Fortereffe*, par Syncope.

VII. BAL-

VII. BALLADE,

que Villon feit à la Requeste de sa Mere, pour prier Nostre-Dame.

I.

Dame des cieulx, regente terrienne,
Emperiere des infernaulx paluz (1),
Recevez moy, vostre humble chrestienne,
Que comprinse soye entre vos esleuz,
Ce non obstant qu'onques rien ne valuz.
Les biens de vous (ma dame & ma mai-
    stresse,)
Sont trop plus grans, que ne suis peche-
    resse ;
Sans lesquelz biens, ame ne peult merir (a),
N'entrer es cieulx : je n'en suis mente-
    resse.
En ceste foy, je vueil vivre & mourir.

II.

A vostre filz dictes que je suis sienne,
De luy soient mes pechez aboluz (b),
                          Qu'il

REMARQUES,

(1) *Palus:*] Marais.
(a) *Merir:*] meriter.
(b) *Aboluz:*] abolis.

DIVERSES Qu'il me pardonne comme à l'Egyptien-
LEÇONS.   ne (a),
Ou comme il feit au clerc Theophilus (b),
Lequel par vous fut quitte & abſoluz (a),
Combien qu'il euſt au Diable faict pro-
     meſſe.
Preſervez moy, que point je ne face ce (c),
Vierge portant (ſans rompture (d) encourir)
Le ſacrement qu'on celebre à la meſſe (e).
En ceſte foy je vueil vivre & mourir.

III.

V. * *Vieille.* FEMME je ſuis povrette * & ancienne,
Qui riens ne ſçay, oncques lettre ne leuz.
                                              Au

REMARQUES.

(a) *L'Egyptienne.*] Apparemment *Marie l'Egyptienne*, dont on fait la Fête le 2 d'Avril, & dont
la Légende n'eſt pas des moins ſingulieres. *R.
d. l'E.*

(b) *Au Clerc Theophilus.*] L'Hiſtoire s'en trouve,
Diſtinction IV, N°. XXIV, du *Speculum Exemplo-
rum*, ſans dire d'où elle eſt tirée. On veut qu'elle ſoit arrivée l'An neuvieme de l'Empire de Juſti-
nien.

(a) *Abſoluz.*] Abſoulz.

(c) *Ne face ce.*] Ces Mots, *face ce*, riment ici
avec *promeſſe.* Apparemment que, du Tems de
VILLON, les Pariſiens prononçoient *promaſſe*, comme encore aujourd'hui les Meſſins.

(d) *Rompture.*] C'eſt-à-dire, *Rupture*, *Tache*,
Corruption. R. d. l'E.

(e) *Vierge portant le Sacrement qu'on célebre à la
Meſſe.*] Expreſſion fort ſinguliere, ſelon laquelle
la Vierge n'auroit mis au Monde que *les* Appa-
rences d'une Oublie: Suite naturelle du Dogme
de la Tranſſubſtantiation. *R. d. l'E.*

TESTAMENT. 95

Au monſtier (*a*) voy (dont ſuis paroiſ-
ſienne *)
Paradis painct *, ou ſont harpes & luz,
Et ung enfer, ou damnez ſont boulluz (a):
L'ung me faict paour, l'autre joye & lieſ-
ſe (*b*)?
La joye avoir faictz moy (haulte deeſſe *,
A qui pecheurs doivent tous recourir
Comblez de foy, ſans faincte ne pareſſe.
En ceſte foy je vueil vivre & mourir.

DIVERSES
LEÇONS.
* Dont
ſuis pro-
chienne. V.
* Paradis
voy. V.
* La joye
avoir ne ſay
autre lieſſe.
V. N. &
G. du P.

IV.

Vous portaſtes (vierge digne princeſſe *)
Jeſus regnant, qui n'a ne fin ne ceſſe.
Le toutpuiſſant, prenant noſtre foibleſſe,
Laiſſa les cieulx, & nous vint ſecourir,
Offrit à mort ſa tres chere jeuneſſe.
Noſtre Seigneur tel eſt, tel le confeſſe:
En ceſte foy je vueil vivre & mourir.

* Doulce
Vierge Prin-
ceſſe. V.

LXXIX.

REMARQUES.

(*a*) *Monſtier.*] C'eſt-à-dire, au *Monaſtere*, à l'E-
gliſe. R. d. l'E.
(b) *Boulluz.*] Boilliz eſt le vray François.
(*b*) *Lieſſe.*] La même choſe que *Joie*. Ce Mot
vient de *lie* & *liée*, formez de *latus, lata*, qui ſigni-
fient *joïeux* & *joïeuſe*. C'eſt en ce Sens, que
Perceval a autrefois dit:

Madame ſeroit moult liée,
Si elle étoit bien employée. R. d. l'E.

DIVERSES LEÇONS.

LXXIX.

† Item, m'amour (*a*), ma chere Rose,
Ne luy laisse, ne cueur, ne foye.
Elle aymeroit mieulx autre chose,
Combien qu'elle ait assez monnoye.
Quoy ? Une grande bourse de soye (*b*),
Pleine d'escuz, profonde * & large :
Mais pendu soit il (que je soye)
Qui luy lairra escu ne targe (1) (*c*).

* *Parfonde*. V.

LXXX.

Car elle en a (sans moy) assez.

Mais

REMARQUES.

(*a*) *M'amour.*] Le Mot *Amour* a été très longtems féminin : & comme on disoit au pluriel *de belles Amours*, on disoit au singulier *m'Amour*, comme on dit encore *m'Amie* pour *mon Amie*. Ainsi, *m'Amour* veut dire, *Mon Amour, mes Inclinations, ma Maitresse*. R. d. l'E.

(*b*) *Quoi ? Une grande Bourse de Soye.*] Lisez, *une grand'*, sans quoi le Vers seroit trop long. R. d. l'E.

(1) *Targe :*] Bouclier quarré. Voïez Fauchet dans son *Traité de la Milice, Armes, & Instrumens, desquels les François ont usé en leurs Guerres*, page 522.

(*c*) *Escu ne targe.*] C'est-à-dire, Ecus, ni petits, ni grands. Plus bas encore, Huitain CXV,
Pour trois Escus, *six Brettes* Targes.
C'est une Allusion bouffonne de *Targe*, sorte de grand Bouclier, à la Monnoie d'Or de ce Tems-là appellée *Ecu*, à cause de l'*Ecu de France* empreint sur son Revers. Cette *Targe* de Villon étoit le *Blanc de Bretagne à la Targe*, valant 12. Deniers en 1456. Le Blanc, *Traité des Monnoies de France*, p. m. 248.

TESTAMENT. 97

Mais de cela il ne m'en chault :
Mes grans deduictz en sont passez;
Plus n'en ay le cropion chault.
Je m'en desmetz aux hois (*a*) Michault,
Qui fut nommé le bon fouterre.
Priez pour luy, faictes ung sault :
A Sainct Satur gist soubz Sancerre (*b*).

DIVERSES
LEÇONS.

LXXXI.

Ce non obstant, pour m'acquitter,
Envers amours, plus qu'envers elle,
(Car oncques ny peu acquester
D'espoir une seule estincelle.
Ne sçay se à tous est si rebelle
Que à moy : ce ne m'est grand esmoy (1).
Mais, par Saincte Marie la belle,
Je n'y voy que rire pour moy.)

LXXXII.

Ceste Ballade luy envoye,
Qui se finist toute par R.
Qui la portera? Que je y voye.
Ce sera Pernet de la Barre (*b*).

Pour-

REMARQUES.

(*a*) *Hois.*] Lisez *Hoirs*. R. d. l'E.
(*b*) *Sainct Satur gist soubz Sancerre.*] En Latin *Satyrus*, honoré en Berry où est Sancerre.
(1) *Esmoy.*] Tristesse.
(*c*) *Pernet de la Barre.*] Le même appellé ci-dessus Huitain LXVI, & ci-dessous Huitain XCVII, *le Batard de la Barre.* Il paroit que c'étoit un faux Joyeux. *Ad*. d. l'E.

G

DIVERSES LEÇONS.

Pourveu s'il rencontre en son erre (a)
Ma damoyselle au nez tortu :
Il luy dira, sans plus enquerre (a),
,, Orde (b) paillarde, d'ou viens tu ? ,,

REMARQUES.

(a) *En son Erre.*] En son Chemin. Ce qui se rime en *erre* se doit prononcer en *arre*, comme ci-dessus.

(a) *Sans plus enquerre.*] C'est-à-dire, *sans autre Examen, ou Recherche.* R. d. l'E.

(b) *Orde.*] C'est-à-dire, *sale, vilaine, infame.* R. d. l'E.

VIII. BALLADE
de Villon à s'Amye.

I.

Faulse beaulté, qui tant me couste cher,
Rude en effect, hypocrite doulceur,
Amour dure plus que fer à mascher,
Nommer te puis de ma deffaçon seur (a),
Cherchant sinon (a) la mort d'ung povre cueur.
Orgueil musse (1), qui gens met au mourir;
Yeulx sans pitié ne vouldroient * (& rigueur)
(Sans empirer) ung povre secourir.

* Ne veult droit. V.

II*.

Mieulx m'eust valu avoir esté chercher
Ailleurs secours : c'eust esté mon honneur.
Rien ne m'eust sceu lors de ce faire fascher * (2).

Ores

* Dans les Editions de V. N. & G. du P. après les huit premiers Vers de cette Ballade on lit en Titre ces deux mots: *Beaulté d'Amours.*

* *Hasser.* V. *barier.* G. du P. & N.

REMARQUES.

(a) *De ma deffaçon seur:*] Parente de ma Ruyne & Deffaicte.

(a) *Cherchant sinon.*] Ou plûtôt, *Ne cherchant que &c.* R. d. l'E.

(1) *Orgueil musse.*] Orgueil caché: les Wallons & Picards disent *mucher.*

(2) Borel, au Mot *barier*, adopte la Leçon de

100 LE GRAND

DIVERSES LEÇONS.

Ores j'en fuis en fuyte & deshonneur *,
Haro, haro, le grand, & le mineur (a)!
Et qu'eſt cecy? Mourray ſans coup ferir,
Ou pitié peult *, (ſelon ceſte teneur)
Sans empirer, ung povre ſecourir?

* Certes m'en fuis, &c. V. Certes n'en fuſſe fuy à deſhonneur. N. & G. du P.

* Ou pitié veult. V. & G. du P.

III.

UNG temps viendra, qui fera deſſei-
cher,
Jaulnir, fleſtrir, voſtre eſpanie fleur.
J'en riſſe lors, s'enfant ſceuſſe marcher *.
Mais, nenny las! Ce feroit donc foleur (a).
Vieil je feray, vous laide, & ſans couleur *.
Or beuvez fort, tant que ru (b) peult
courir:
Ne reffufez (chaſſant cette douleur *,)
Sans empirer, ung povre ſecourir.

* Je m'en riſſe s'enfant ſceuſſe marcher. V. Mourray-je ſans qu'en ſceuſſe maſcher. G. du P.

* A douleur. V. & G. du P.

* Ne donnez pas à tous ceſte douleur. V. & G. du P.

IV.

REMARQUES.

Galiot du Pré & de Niverd. *Rien ne me ſceu lors de ce faire harrier.* OTEZ ce *lors*, tant dans le Texte, où il rend le Vers trop long d'une Sillabe, que dans la Note, où il faut remettre *faſcher*, pour ne point faire d'un Vers de dix Sillabes un Vers Alexandrin. *Ad. d. l'E.*

(a) *Haro, Haro, le grand, & le mineur!*] Aux Armes, aux Armes: Ban & Arriere-ban! *Haro le grand*, de l'Alleman *Heer*, Oſt, Armée; c'eſt proprement l'*Oſt* du Prince: & *Haro le mineur*, c'eſt la *Harelle*, où le Peuple en Armes. Voïez Lobineau, *Hiſtoire de Bretagne*, Tom. I, pag. 204. Beze, *Hiſtoire Eccléſiaſtique*, Tom. I, pag. 154, appelle *Arriére-ban de l'Evéché de Nantes* ce qu'à l'Endroit ci-deſſus le P. Lobineau nomme la *Harelle de l'Evéché* de cette Ville-là.

(a) *Foleur:*] Folie.
(b) *Ru:*] Ruiſſeau.

IV.

PRINCE amoureux, des amans le grei-
 gneur (a),
Voſtre malgré (a) ne vouldroye encourir:
Mais tout franc cueur doit, par noſtre
 Seigneur,
Sans empirer, ung povre ſecourir.

LXXXIII.

ITEM, à maiſtre Ythier Marchant (b),
(Auquel mon branc (b) laiſſay jadis,)
Donne (mais qu'il le mette en chant (c),)
Ce lay, contenant des vers dix;
Avecques ung *De profundis*
Pour ſes anciennes amours,

Deſ-

REMARQUES.

(a) *Le greigneur:*] Le plus grant, ou le meilleur.

(a) *Malgré.*] Pour *mauvais Gré.* R. d. l'E.

(b) *Maiſtre Ythier Marchant.*] C'eſt ainſi qu'il
faut écrire, & non pas *Ythier marchant.* En effet,
Ythier eſt un Nom de Bâteme, pris de celui de *St.*
Ythier, Evêque de Nantes: & *Marchant* eſt un Nom
de Famille. Touchant ce Perſonnage, ſur le Nom
duquel tous les Editeurs précédens ſe ſont ainſi
abuſez, voïez ci-deſſus page 6 la Remarque (a) ſur
le V Huitain du *petit Teſtament.* R. d. l'E.

(b) *Mon Branc:*] mon Eſpée ou Braquemar.

(c) *Mais qu'il le mette en chant.*] Ce *mais* que veut
dire, *pourvû qu'il le mette, à condition qu'il le met-*
tra, en Chant. R. d. l'E.

Desquelles le nom je ne dis,
Car il me herroit (*a*) à tousjours.

IX. LAY, *ou pluſtoſt*, RONDEAU.

MORT, j'appelle de ta rigueur,
Qui m'as ma maiſtreſſe ravie,
Et n'es pas encore aſſouvie,
Si tu ne me tiens en langueur.
Depuis n'eu force ne vigueur.
Mais que te nuyſoit elle en vie?

M O R T (*b*).

DEUX eſtions, & n'avions qu'ung cueur
S'il eſt mort, force eſt que devie (*c*),
Voire ou que je vive ſans vie,
Comme les images par cueur,

M O R T.

REMARQUES.

(*a*) *Herroit.*] Au lieu de *haïroit*. Nos *Dictionaires* de vieux Mots n'ont point celui-là. R. d. *l'E.*

(*b*) *Mais que te nuyſoit elle en vie?* MORT.] Mauvaiſe Ponctuation, & qui gâte le Sens de ce Rondeau. Cela doit être ponctué ainſi:
 Mais, que te nuiſoit-elle en vie, MORT?
        R. d. l'E.

(*c*) *Force eſt que devie.*] C'eſt-à-dire, *Il faut que je meure.* R. d. l'E.

LXXXIV.

† Item, à maistre Jehan Cornu (a)
Autres nouveaux lays je veulx faire,
Car il m'a tousjours subvenu *,
A mon grand besoing & affaire.
Pour ce le jardin luy transfere,
Que Maistre Pierre Bourguignon
Me repta, en faisant refaire
L'huys de derriere, & le pignon.

Secoura.
V.

LXXXV.

Par faulte d'ung huys, je y perdis
Ung grez, & ung manche de houë (b).
Alors huyt faulcons, non pas dix,
N'y eussent pas prins une allouë.
L'hostel est seur, mais que on le clouë.
Pour enseigne y mis ung havet (1) (c),
       Qui

REMARQUES.

(a) *Jehan Cornu.*] ou *le Cornu.* Voïez ci-dessus le Huitain V du *petit Testament.* R. d. l'E.

(b) *Houë:*] ou *Hoïau.* Dans le *Rebours de Matheolus*, on lit:

 Si faut aussi avoir la Cresche,
  Houë, Crible, Rayel, & Besche,
 Fourche, Flaël, Van, & Ouël;

tous Outils de Jardinage & d'Agriculture. R. d. l'E.

(1) *Haves, havets:*] des Crochets, selon Borel.

(c) *Ung Havet.*] En Latin, *Fuscinula tridens*, ou, comme la *Bible de Geneve* a rendu ce Mot de la Vulgate, au Chapitre second du prémier Livre de Samuel, *un Havet à trois Dents.* La *Bible de Sacy* le rend par *une Fourchette à trois Dents.* Nicod traduit ce Mot en Latin par *Hamulus, Uncus.* Ad. d. l'E.

DIVERSES LEÇONS. Qui que l'ait prins (point ne m'en louë)
Sanglante nuict, & bas chevet (a).

LXXXVI*.

* Ces huit Vers ne sont point dans les Editions de V. N. & G. du P.

ITEM, & pource que la femme
De maistre Pierre Sainct Amant,
(Combien si coulpe y a, ou blasme,
Dieu luy pardonne doulcement)
Me meist en reng de caymant (1);
Pour le cheval blanc qui ne bouge,
Je luy delaisse une jument,
Et pour la mulle ung asne rouge (a).

LXXXVII.

* Hisselin.
V. Hinselin.
N. & G. du P.

ITEM, donne à Sire Denys
Hesselin *, Esleu de Paris (b),
Quatorze muys de vin d'Aulnis,
Prins chez Turgis (c) à mes perilz.
S'il en beuvoit, tant que periz
En fust son sens, & sa raison,
Qu'on mette de l'eau aux barrilz;
Vin perd mainte bonne maison.

LXXXVIII.

REMARQUES.

(a) *Faut suppléer*, Je luy donne ou laisse.

(1) *Caymant:*] Gueux, Mendiant. PEUT-ETRE Villon avoit-il écrit *Cayemant*, pour remplir la Mesure de son Vers. *Ad. d. l'E.*

(a) *Jument ... Asne rouge.*] Injures dites à cette Femme, par Allusion à son Enseigne du *Cheval blanc* & de la *Mule*. Voïez ci-dessus le Huitain VI du *petit Testament. R. d. l'E.*

(a) *Denys Hesselin, Esleu de Paris.*] Elû sur le Fait des Aydes à Paris. Voïez la *Chronique Scandaleuse*, sous l'Année 1465, pag. 40.

(c) *Turgis*,] Marchand de Vin. Voïez ci-dessus le Huitain LXV, & ci-dessous le XCII. *R. d. l'E.*

LXXXVIII.

Item, donne à mon Advocat
Maiſtre Guillaume Charruau,
(Quoy qu'il marchande, ou ait eſtat)
Mon branc (a); je me tays du fourreau.
Il aura avec ce ung Reau
En change, affin que ſa bourſe enfle,
Prins ſur la chauſſée & carreau
De la grand' cloſture du Temple (a).

LXXXIX.

Item, mon Procureur Fournier
Aura, pour toutes ſes corvées,
(Simple ſeroit de l'eſpergner)
En ma bourſe quatre havées * (1) (b),   * Denriœ.
 Car G. du P.

REMARQUES.

(a) *Mon Branc.*] Mon Bracquemar ou Eſpée.

(a) *Un Reau.... prins ſur la Chauſſée.... du Temple.*] Le Point étoit, que, ſuppoſé que quelqu'un y eût laiſſé tomber un *Réau-d'Or*, un autre ne l'eut pas déjà amaſſé. On diſoit autrefois *Réal* & *Reau*, dont le pluriel *Réaux* eſt encore en uſage; mais, pour le ſingulier, on ne dit plus que *Réale*. C'eſt une Monnoie Eſpagnole. *Ad. d. l'E.*

(1) *Havées.*] Les Havées ſont une Eſpece d'Impôt, qui ſe leve ſur les Bleds & les Fruits, en prélevant ou prenant ſur chaque Sac, avec la Main, ou autrement, une certaine Quantité. Les Dames de St. Nicolas de Pontoiſe ont ce Droit, qui eſt appellé *Havage.*

(b) *Havées.*] La Havée, Sorte de Droit, qui ſe paie pour la Garde des Champs ſemez de Pois, Féves, &c., conſiſte en autant qu'on peut prendre de ces Choſes, dans un Sac, avec la Main cro‑

DIVERSES LEÇONS.

Car maintes causes m'a saulvées
Justes, ainsi que (a) Jesus-Christ m'ayde,
Comme elles ont esté trouvées;
Mais bon droit à bon mestier d'ayde *.

* Car bon droit sy a mestier d'ayde. V.

XC.

ITEM, je donne à maistre Jaques
Raguier, le grant godet de greve,
Pourveu qu'il payera quatre plaques (b).
Deust il vendre (quoy qu'il luy griefve *)
Ce dont on œuvre mol & greve (c),
Aller (sans chausse en eschappin * (1),)
          Tous

* Et deust il vendre quoy qui griefve. V.
* Et Chapin. V.

REMARQUES.

chue à la façon d'un *Havet*. Dans les Lieux, où ce Droit se leve en Argent, on appelle *Havée* la petite Monnoie qui en fait le Païement : & c'est d'elle, que parle ici VILLON. NICOD & RICHELET, entendent par ce Mot le Droit qu'a le Bourreau de prendre, dans les Marchés, certaine Quantité des Denrées qui s'y débitent. Furetiere le nomme *Havage*, n'admet que ce Mot, & ajoute, qu'à cause de l'Infamie du Personnage, on ne lui laisse lever ce Droit, qu'avec une Espece de Main de Fer blanc. *Ad. d. l'E.*

(a) *Que.*] Ostez ce *que*. R. d. l'E.

(b) *Plaques.*] Monnoie de Flandre, de laquelle parle la page 86 du Recueil de Piéces servant à l'*Histoire du Roi Charles VII* de l'Impression du Louvre, en 1661. Elle valoit 15 Deniers en 1456. Le Blanc, *Traité des Monnoies de France*, p. m. 248.

(c) *Ce dont on œuvre Mol & Greve.*] Bas à couvrir les Jambes, & *Molet* & *Greves*. D'*operire* vient ici *œuvre*, à l'antique, pour *ouvre* fait d'*ouvrir*; Mot, au lieu duquel les Lorrains disent *douvrir*, de *disoperire*. PEUT-ETRE vaudroit-il mieux lire *œuvre*, que *œuvre*; la Nature du Sujet semblant le demander. *Ad. d. l'E.*

(1) *Eschappin.*] Escarpin, Soulier découpé.

Tous les matins quant il se lieve,
Au trou de la pomme de pin (1).

XCI.

Item, quant est de Mairebeuf,
Et de Nicolas de Louviers,
Vache ne leur donne, ne beuf;
Car vachers ne sont, ne bouviers,
Mais gens à porter espreviers (*a*),
(Ne cuidez pas que je vous jouë,)
Et pour prendre perdriz, pluviers,
Sans faillir, chés la Maschecrouë (*a*).

XCII.

REMARQUES.

(1) *Au trou de la pomme de pin.*] C'étoit un Cabaret où *Jacques Raguier* païoit une Espece de Tribut, parce qu'il y alloit boire, tous les matins.

(*a*) *Mais Gens à porter Espreviers.*] Gentils-Hommes. La Noblesse Françoise, & même l'Allemande, fort adonnées l'une & l'autre à la Chasse de l'Oiseau, portoient autrefois sur le Poing un *Eprevier*, lorsqu'ils sortoient de leurs Châteaux, soit pour voler, ou seulement pour se promener. On voit un Gentil-Homme Allemand représenté dans cette Attitude par Holbein, dans l'*Eloge de la Folie* d'Erasme, d'Edition de Bâle, en 1676, page 98: &, dans le *Courtisan* du Comte Balthasar de Châtillon, Livre II, page 111, de l'Edition de Jean de Tournes, en 1553, on remarque, qu'en France & ailleurs, la Mode en duroit encore sur la Fin du Regne de Louis XII.

(*a*) *La Maschecrouë:*] Une Rostisseuse ou Poullaillière du Temps.

XCII.

ITEM, vienne Robert Turgis
A moy, je luy payeray son vin (a).
Mais quoy? S'il trouve mon logis (b),
Plus fort sera que le devin.
Le droit luy donne d'eschevin,
Que j'ay comme enfant de Paris *.
Si parle-je ung peu poictevin (c),
Car deux dames le m'ont appris *.

marginalia:
* Quoy.
com' enfant
né de Paris.
V.

* Si je par-
le un peu
poictevin,
certes deux
dames le
m'ont appris.
V.

XCIII.

FILLES font tres belles & gentes,
De-

REMARQUES.

(a) *Robert Turgis . . . son Vin.*] Le même, qui est nommé ci-dessus, Huitain LXV, *Robin Turgis*; ces deux Noms, *Robert & Robin*, étant la même chose. On a vû ci-dessus Huitain LXXXVII, & l'on voit dans celui-ci, qu'il étoit Marchand de Vin. R. d. l'E.

(b) *Mais quoy? S'il trouve mon logis, plus fort sera que le Devin.*] Le Poëte n'avoit, comme on parle, ni Maison, ni Buron; semblable en cela à ce Courcaillet, duquel il est dit dans Rabelais, Livr. III, Chap. VI, qu'après la Paix faite, Panurge & lui aïant été renvoïés en leurs Maisons, celui-ci étoit encore *cherchant la sienne*. TOUT cela veut simplement dire, que Turgis auroit en vain cherché le Logis de Villon, qui n'avoit, ni Feu, ni Lieu. Ad. d. l'E.

(c) *Si parle-je ung peu poictevin.*] Cela doit s'entendre ainsi: *Cependant, j'agis ici un peu en Poitevin*, en me mocquant de lui. Les Poitevins ont la Réputation d'être *mocqueurs & faux*. Voïez la Préface des *Avantures du Baron de Fæneste*, où *Enay*, c'est-à-dire, *d'Aubigné*, se donne le Caractere de *faux Poitevin*. R. d. l'E.

TESTAMENT.

Demourantes à Sainct Genou (a),
Près Sainct Julian des vouentes (b),
Marches de Bretaigne ou Poictou;
Mais je ne dy proprement ou.
Or y pensez trestous les jours;
Car je ne suis mie si fou:
Je pense celer mes amours.

XCIV.

ITEM à Jehan Raguier je donne,
Qui est sergent (voire des douze (1),)
Tant qu'il vivra (ainsi l'ordonne)
Tous les jours une talemouze,
Pour bouter & fourrer sa mouse (a),
Prinse à la table de Bailly.
A Maubuay * (b) sa gorge arrouse;
Car à manger n'a pas failly.

XCV.

DIVERSES LEÇONS.

* *A mal boire.* V. G. du P. & N.

REMARQUES.

(*a*) *Sainct Genou.*] Ville de Poitou, où l'on prétend que se retira VILLON. R. d. l'E.

(*b*) *Près St. Julian des vouentes.*] Lieu de Dévotion, à trois Lieues de Château-Briant. Voïez Lobineau, *Histoire de Bretagne*, Tom. I, pag. 550 & 556; & voïez aussi la Note 8. sur Rabelais, Livre I, Chapitre VI.

(1) *Qui est Sergent, voire des douze.*] Philippes le Bel, par une Ordonnance du 3. Juin 1309, statua qu'il n'y auroit au Chastelet de Paris que *soyxante Sergens* à cheval, & *quatre-vingt-dix* à pied; & qu'entre les 96 il y en auroit *douze*, qui seroient élus comme il plairoit au Prevost de Paris. On peut voir cette Ordonnance.

(*a*) *Sa Mouse.*] Sa Mouë, son Museau.

(*b*) La Fontaine Maubuay, Rue St. Martin à Paris.

DIVERSES LEÇONS.

XCV.

ITEM, donne au prince des fotz (*a*),
Pour ung bon fot, Michault du Four,
Qui à la fois dit de bons motz,
Et chante bien, ma doulce amour (*b*).
Avec ce, il aura le bon jour :
Brief, mais qu'il fuft ung peu en poinct,
Il eft ung droit fot de féjour * (*c*),
Et eft plaifant, ou ne l'eft point.

* *Ce jour.*
V.

XCVI.

REMARQUES.

(*a*) *Prince des Sots.*] Sobriquet donné à certain Folâtre de ce Tems-là, qui fe faifoit fuivre par une Troupe de Jeunes-Gens auffi fots que lui. Dans la *Repuë franche*, auprès de Montfaulcon, inférée dans la II Partie du préfent Volume, on lit :

> *Ce Pafté, je vous en refpons,*
> *Fut faict fans demander qu'il coufte ;*
> *Car il y avoit fix Chapons,*
> *Sans la Chair que point je ne boute.*
> *On y euft bien tourné le Coute,*
> *Tant eftoit grant, & n'en doubtez.*
> *Le Prince des Sots & fa Route*
> *En euffent efté bien fouppez.*

Dans le *Catholicon d'Efpagne*, fur la Fin de la *Harangue du Sieur de Rieux*, il eft parlé d'un Sieur d'Angoulevent, que la Nobleffe nouvelle avoit choifi pour fon Orateur, & que la Note de Mr. du Puy traite de *Badin*, qui fe qualifioit *le Prince des Sots*. C'eft, ou dans VILLON, ou dans ces Vers-ci, que cet Homme avoit pris l'Idée d'un tel Sobriquet.

(*b*) *Ma doulce amour.*] Apparemment, quelque Chanfon de ce Tems-là. R. d. l'E.

(*c*) *Sot de Séjour.*] Bouffon à charge à lui-même & aux autres, tant il eft plat.

XCVI.

Item aux unze vingtz Sergens
Donne (car leur faict est honneste,
Et sont bonnes & doulces gens,)
Denis Richier, & Jehan Vallette,
A chascun une grand' cornette (1),
Pour pendre à leurs chappeaulx de feau-
 tres (2) (a).

J'en-

REMARQUES.

(1) *Une grand' Cornette.*] Il y a trois à quatre cens Ans, que les Femmes, par une Mode ridicule, se mirent, pour se coiffer, de si hautes *Cornes* sur la Tête, qu'il fallut exhausser toutes les Portes des Appartemens dans les grandes Maisons. On void encore de ces *Cornes* dans les anciennes Tapisseries, & entr'autres dans une qui est aux Bernardins de Paris. Les Dames baissèrent ensuite peu à peu ces *Cornes*, qui, par cette Raison, furent nommées *Cornettes*. Les *Cornettes* furent aussi une Espece de Vestement, dont les Hommes couvroient leurs Têtes. (Voïez ci-dessous la Remarque sur le CLXIX Huitain, où il s'agit aussi de ces *Cornettes*. Ad. d. l'E.) Quand l'Usage des *Feutres* fut introduit, ils y pendirent leurs *Cornettes*, comme on void par ce Passage de VILLON; & ensuite ils les mirent à leurs *Cols*, selon ces anciens Vers de la Passion de J. C.

Puisque tu as tant attendu,
Il ne te faut qu'une Cornette,
De beau Chamvre, ronde & estroite,
Pour te couvrir un peu le Col.

Cette *Cornette de Chamvre, ronde & estroite*, paroit bien plûtôt une *Corde* pour pendre cet *Attendant*, qu'un *Vestement* pour lui couvrir le *Col*. Ad. d. l'E.

(2) *Chappeaux de Feautres.*] Il y a quatre à cinq cens Ans en France, qu'on s'habilloit de *Peaux*.

Voyez

J'entendz ceulz à pied de la guecte *;
Car je n'ay que faire des autres.

XCVII.

Derechef, donne à Perinet,
(J'entendz le baftard de la Barre (*a*),)
Pour ce qu'il eft beau filz & net,
En fon efcu (en lieu de barre)
Trois detz plombez de bonne carre,
Et ung beau joly jeu de cartes.
Mais quoy ? S'on l'oyt veffir ne poirre (b),
En oultre aura les fievres quartes (*b*).

XCVIII.

REMARQUES.

Voïez M. du Cange dans fa prémiere *Differtation fur Joinville*. Enfuite, on fila les Poils des Animaux, & on en fit des Draps. Enfin, on colla & l'on foulla ces Poils, dont on fit des *Feutres*. Quand ces *Feutres* étoient drappez & maniables, on en faifoit des Couvertures: & quand ils étoient durs, on en faifoit des Chapeaux. Les Romains nommoient ces Feutres, *Coactilia*, dont parle Ulpien dans la Loy 25. *de Auro & Argento legato.* Vide Fornerium, Libr. V *Quotidian.* Cap. XX.

(a) *Feautres.*] Feuftres. Dans le III Dialogue du *Cymbalum Mundi* de Bonaventure des Périers, on lit: *Mais au Diable l'une* (*des Déeffes*) *qui difé, Tien Mercure, voylà pour avoir un Feutre de Chappeau.* Ad. d. l'E.

(a) Le même que celui qui eft nommé, ci-deffus Huitain LXXXII, *Pernet de la Barre.* R. d. l'E.

(b) *Poirre.*] Peter; & fault prononcer *poarre*, à la Parifienne.

(b) *Les fievres quartes.*] Imprécation plus commune autrefois qu'aujourd'hui. Voïez la Note 7 fur Rabelais, Livre V, Chapitre XII.

Marginal note: Diverses Leçons. * J'entends à ceulx à pied. hollette. V. N. & G. du P.

XCVIII.

Item, ne vueil plus que Chollet
Dolle, trenche, douve, ne boyſe (a),
Relye brocq, ne tonnellet,
Mais tous ſes ouſtilz changer voyſe
A une eſpéé lyonnoiſe,
Et retienne le hutinet (b).
Combien qu'il n'ayme bruyt ne noyſe,
Si luy plaiſt il ung tantinet (a).

XCIX.

Item, je donne à Jehan le Lou,
Homme de bien & bon marchant,
(Pour ce qu'il eſt linget (c) & flou (b),
Et que Chollet eſt mal cherchant * (c), *Saichant.
Ung beau petit chiennet couchant,
V.
Qui

REMARQUES.

(a) *Boyſe.*] Boiſſeau.
(b) *Hutinet.*] Vieux Mot, que n'expliquent, ni Nicod, ni Ménage. Borel le note bien, mais ſe contente de renvoïer à *tantinet*, où, ſans expliquer ce prémier Mot, il eſtropie ce Vers & le dernier du Huitain. R. d. l'E.

(a) *Ung tantinet:*] ung peu; & ne ſe dit guerres hors Paris.

(c) *Linget.*] Diminutif de *linge*, qui ſignifie *foible*, comme il paroit par cet Endroit de la *Remonſtrance de Nature* de Jehan de Mehung:

Car ſon Sens eſt trop nud & linge;
Si me contrefait comme un Singe.
R. d. l'E.

(b) *Flou.*] Flouët, délicat.
(c) *Mal cherchant:*] qui ne ſçait rien de chercher & deſrober.

Diverses Leçons.

Qui ne lairra poullaille en voye,
Ung long tabart (1), & bien cachant,
Pour les muffer, qu'on ne les voye.

C.

Item, à l'orfevre du Boys
Donne cent clouz, queues & teftes,
De gingembre farazinoys (*a*);
Non pas pour emplir fes boytes (*b*),
* *Coëtes.* Mais pour conjoindre culz en crettes *(*c*),
V. & N. Et couldre jambons & andoilles,
Tant que le laict en monte aux tettes,
Et le fang en devalle aux coilles.

CI.

Au capitaine Jehan Riou,
Tant pour luy que pour fes Archiers,
Je donne fix hures de lou,

Prins

REMARQUES.

(1) *Tabart.*] Quelque forte de Cafaque, ou Robe. Voyez, au (XVII Huitain du *petit*) *Teftament*, l'Article de Loup & Chollet, & le Canon 50 du Concile de Treve, Tomo IV *Anecdotor.* col. 250.

(*a*) *Gingembre Sarazinois.*] Le Gingembre, venant d'Arabie, anciennement habitée par les *Sarazins*, eft une Epice, fort chaude, & dont les Débauchés font volontiers Ufage. R. d. l'E.

(*b*) *Non pas pour emplir fes boytes.*] Lifez :
Non pas pour en emplir fes Boytes. R. d. l'E.

(*c*) *Culz en crettes :*] ou entre deux *Coëtes*, entre deux Lits de Plume. Je ne fçai, au refte, pourquoi Marot a lû ici *crettes*, au lieu de *coëtes*, qu'il avoit trouvé dans les Editions de Verard & de Niverd.

TESTAMENT. 115

Prins à gros maſtins de bouchiers.
Ce n'eſt pas viande à porchiers:
Qui les cuit en vin de buffet * (a),
Pour manger de ces morceaulx chiers,
On feroit bien ung mauvais faict *.

DIVERSES LEÇONS.
* Et tinetes en vin de buffet. N. & V. tinettez en vin de buffet. G. du P. (b).
* On en feroit bien ung malfait. V.

CII.

C'EST viande ung peu plus peſante (a),
Que n'eſt duvet, plume, ne liege:
Elle eſt bonne à porter en tente,
Ou pour uſer en quelque ſiege.
Mais s'il prenoit les loups au piege,
Et ſes maſtins * ne ſceuſſent courre,
J'ordonne moy, qui ſuis bon miege * (b),
Que des peaulx * ſur l'hyver s'en fourre.

* S'ilz eſtoient prins à un piege ces maſtins qu'ils, &c. V. N. & G. du P.
* Son juge. V. N. & G. du P.
* Que des poulx. G. du P.

CIII.

ITEM, à Robin Trouſſecaille,
Qui s'eſt * en ſervice bien faict,
A pied ne va comme une caille,
Mais ſur roen * (c) gros & reffaict:

* Eſt. V.
* Roſſin. V. & N.

REMARQUES.

(a) *Vin de Buffet.*] Vin *buffeté*, mêlé d'Eau.

(b) *Tinetes*, ou *tinettez*, en *Vin de Buffet*:] ou plûtôt, *tinctes*, ou *teintes*, en Vin de Buffet; car, que veulent dire *tinetes* & *tinettez*? Du prémier de ces Mots, *tinctes*, mal lû dans le Manuſcrit, on aura facilement forgé les autres. R. d. l'E.

(a) Notez que Friandiſe incite à mal faire.

(b) *Bon Miege.*] Bon Mire, bon Médecin. CE Mot de *Mire*, pour *Médecin*, & *Chirurgien*, étoit autrefois fort uſité. Dans le *Livre de la Diablerie*, par exemple, on lit:

Qui eſt bléſié, ſi voiſe au Mire. Ad. d. l'E.

(c) *Roën.*] Mot inconnu à nos *Dictionaires* de vieux Termes. R. d. l'E.

Je luy donne de mon buffet
Une jatte qu'emprunter n'ose.
Si aura mesnage parfait :
Plus ne luy failloit autre chose.

CIV.

Item, & à Perrot Girard,
Barbier juré du Bourg-la-Royne,
Deux bassins, & ung coquemard,
Puis qu'a gaigner mect telle peine.
Des ans y a demy douzaine,
Qu'en son hostel de cochons gras
Me apastela (a) une sepmaine,
Tesmoing l'abesse de Pourras.

CV.

Item aux Freres mendians,
Aux Devotes, & aux Beguines (1) (a),
Tant

REMARQUES.

(a) *Me apastela :*] me repeut.

(1) *Beguines.*] Auxquelles les Religieuses du Tiers-Ordte de S. François ont succédé en France. Voïez le Chapitre I des *Clementines*, au Titre *Religiosis Domibus*, & le Chapitre unique au même Titre dans les *Extravagantes de Jean XXII*, avec les Gloses touchant l'Origine des *Beguines*. Voïez M. Du-Cange dans son *Glossaire*, & M. Ménage dans ses *Etymologies*, sur ce Mot. Ce que l'Auteur des *Notes sur Rabelais* a écrit sur ce Sujet, Livre IV, page 194, ne vaut rien.

(a) *Beguines.*] Religieuses, ainsi nommées, selon Borel, de *Louïs le Begue*, Roi de France, ou de quelque Prince affligé de la même Infirmité. Il n'est probablement pas mieux fondé en cela, qu'en ce qu'il dit des *Billetes*, qu'il prend pour des

Tant de Paris, que d'Orleans,
Tant Turpelins que Turpelines (1) (*a*), De

REMARQUES.

Religieuses, à propos de ce Passage de Coquillart,

Doit-elle fréquenter pourtant
Les Cordeliers & les Billettes:

ne sachant pas, que ce sont des *Carmes*, ainsi nommez de la Rue où ils ont leur Couvent à Paris. Peut-être le Nom de *Beguines* vient-il des *Beguins* ou Coëffures de ces Religieuses, comme celui de *Capucins* leur vient de leurs *Capuces*. R. d. l'E.

(1) *Turlupins.*] C'étoient des Hérétiques, dont parle du Tillet sous Charles V. Voïez M. Ménage, dans son *Dictionaire Etymologique*.

(*a*) *Turpelins* .... *Turpelines.*] Religieux & Religieuses du Tiers-Ordre de S. François, Gens de Mœurs aussi décriées en ce Tems-là, & depuis encore, que les *Béguines*, qui les avoient précédez. Othomarus Luscinius, Auteur Allemand du Commencement du XVI Siécle, Section LXXXII de ses *Joci ac Sales*, de l'Edition de Francfort, en 1602.
,, *Beguinas*, (ut vocant) de Tertia Divi Francisci
,, Regulâ, cur *Tertium Ordinem* Vulgus appellet,
,, aliquando venit in Dubium. Asserentibus aliis
,, Causam, quia vagæ sunt, & ad hoc non rarò
,, lubricæ, id quod fermè Patrii Sermonis nostri
,, Vis explicat, vulgò der Drippel Orden.,, *Turpelin*, ou plûtôt, comme on lit ci-dessous à la page 4 de la II Partie du VILLON de la présente Edition, *Trupelin*, vient apparemment du François *Triple*, à quoi fait Allusion l'Allemand *Drippelen*; vieux Mot, qui, signifiant *trépigner*, & comme on parle, *marcher sur le Persinet*, ne désigne pas mal ces Filles, dont nous disons qu'elles ont les *Talons courts*, & qui se font remarquer à leur Démarche affectée. *Turlupins*, dans la Signification de ces prétendus *Adamites* du XIV Siécle, & même dans celle de *Caffards*, où ce Mot est emploïé au *Prologue* du I Livre de Rabelais, pourroit bien n'être qu'une Corruption de *Turpelins*.

De graſſes ſouppes Jacobines (a) (a),
Et flans, leurs fais oblation,
Et puis apres ſoubz les courtines
Parler de contemplation.

CVI.

Si ne ſuis je pas qui leur donne;
Mais de tous enfans ſont les meres:
Et puis Dieu ainſi les guerdonne (b),
Pour qui ſouffrent peines ameres.
Il fault qu'ilz vivent les beaulx peres,
Et meſmement ceulx de Paris.
S'ilz font plaiſir a nos commeres
Ilz ayment ainſi leurs maris.

CVII.

Quoyque maiſtre Jehan de Pontlieu
En voulſiſt dire (*& reliqua*,)
Contrainct & en publique lieu
Honteuſement s'en revocqua.
Maiſtre Jehan de Mehun (1) s'en mocqua
De leur façon; ſi feit Mathieu (c):
Mais on doit honnorer ce qu'a
Honnoré l'egliſe de Dieu.

CVIII.

REMARQUES.

(a) Icy Villon n'eſpergne les Monaſteres.

(a) *Souppes Jacobines.*] Souppes ſucculentes, dont, après le Sermon, les Dévotes régalent le *Jacobin* qui leur a prêché.

(b) *Guerdonne.*] C'eſt-à-dire, *récompenſe*, pris, ſelon Borel, de l'Allemand *verdung*. R. d. l'E.

(1) *Jehan de Mehun.*] C'eſt l'Auteur du *Roman de la Roſe*.

(c) *Matthieu.*] Matthieu Paris, Bénédictin Anglois, Auteur d'une *Hiſtoire d'Angleterre* fort eſtimée, R. d. l'E.

CVIII.

Si me submectz, leur serviteur
En tout ce que puis faire & dire,
A les honnorer de bon cueur
Et servir, sans y contredire.
L'homme bien fol est d'en mesdire:
Car, soit à part, ou en prescher,
Ou ailleurs, il ne fault pas dire
Si gens sont pour eux revencher (a).

CIX.

Item, je donne à frere Baulde,
Demourant à l'hostel des Carmes (a),
Portant chere hardie (1) & baulde (2),
Une sallade (3) & deux guysarmes (4);
Que Decosta *, & ses gens d'armes,
Ne

* De cousta. V. & N.

REMARQUES.

(a) Mendians sont Gens pour eulx revenger.

(a) *Frere Baulde, à l'Hostel des Carmes.*] Voïez ci-dessus le Huitain XXV. Remarque (d) du *petit Testament*. Ce Mot n'est pas un Nom propre, mais un Badinage satirique, ainsi que *Frere Frappart*, & autres Sobriquets semblables. R. d. l'E.

(1) *Chere hardie.*] Face hardie, Visage effronté. Aussi le *Livre de la Diablerie*, dit-il:

Leurs Filles se trouvèrent baudes,
Putes, paillardes, & ribaudes. Ad. d. l'E.

(2) *Baulde:*] gaye, joyeuse. Ce Mot emporte quelque-chose de plus fort, comme on vient de le voir. Ad. d. l'E.

(3) *Une Sallade:*] Heaume.

(4) *Guisarmes* ou *Bisarmes.*] C'étoient des Armes doubles, comme des Glaives à deux Tranchans.

120 LE GRAND

DIVERSES LEÇONS.

Ne luy riblent (1) (a) sa caige vert,
Vieil est : s'il ne quitte les armes *,
C'est bien le Diable de Vauvert (2).

* S'il ne se rend aux armes. V.

CX.

ITEM, pour ce que le Seelleur
Maint estront de mousche (a) a masché,
Donne (car homme est de valleur)
Son seau davantage craché,
Et qu'il ait le poulce escaché *,
Pour tout empraindre * à une voye:
J'entendz celuy de l'evesché (b);
Car des autres, Dieu les pourvoye.

* Estaché. V.
* Comprendre. V.

CXI.

REMARQUES.

(1) *Ne luy riblent.*] Ne luy volent. De *Ribaldus*, on a fait *Ribaud* & *Ribleur*. Voïez le *Glossaire du Droit François*, sur *Ribaud*, & Roy des *Ribauds*.

(a) *Riblent.*] De *ripulare* vient *ribler*, pour voler de nuit dans ces *Ruelles* qui traversent les grandes Rues.

(2) Le *Diable de Vauvert.*] Le Lieu, où sont les Chartreux de Paris, se nommoit *Vauvert*: & comme l'Opinion commune étoit, qu'il y venoit des Démons, le Chemin, qui y conduisoit de Paris, fut nommé, par cette Raison, Rue d'Enfer. Ce Mot vient de *Vallis viridis*: & cette Opinion du Diable, qui y venoit, procédoit, dit-on, de ce que le Desespoir d'une Vie si solitaire & si farouche portoit divers de ces Religieux à se précipiter dans le Puit de leur Monastere. *Ad. d. l'E.*

(a) *Estront de mousche:*] de la Cire.

(c) *Celuy de l'Evesché:*] sçavoir, le *Seelleur de l'Evesché* d'Orléans, dont l'Évêque l'avoit détenu si longuement, & si durement, en Prison. Voïez ci-dessus le Huitain I & suivans, & le LXII & suivans. *R. d. l'E.*

TESTAMENT.

CXI.

Quant de meſſieurs les Auditeurs,
Leur grange (a) ilz auront lambriſſée;
Et ceulx, qui ont les culz rongneux,
Chaſcun une chaize perſée.
Mais que à la petite Macée
D'Orleans, qui eut ma ceincture,
L'amende ſoit bien hault taxée,
Car elle eſt tres mauvaiſe ordure (*a*).

CXII.

Item, donne à maiſtre Françoys
Promoteur * de la vacquerie,
Ung hault gorgery (1) d'eſcoſſoys (*b*),
(Toutesfoys) ſans orfaverie;
Car quant receut chevalerie,
Il maugrea Dieu & Saint George:
Parler n'en oyt, qu'il ne s'en rie,
Comme enragé, à pleine gorge.

* Promoteur. V. & G. du P.

CXIII.

REMARQUES.

(a) *Leur Grange.*] La Salle de la Chambre des Comptes de ſon Temps.

(*a*) *Tres mauvaiſe Ordure.*] Vilaine, des plus vicieuſes: LA prémiere, apparemment, avec laquelle il s'étoit corrompu; ou, comme il s'exprime, qui *avoit eu ſa Ceincture.* Ad. d. l'E.

(1) *Gorgeri,* & *Gorgerain.*] Hauſſe-cou. Borel.

(*b*) *Gorgery d'Eſcoſſoys.*] De ceux qu'ont couſtume de porter les Archers de la Garde-Ecoſſoiſe.

DIVERSES LEÇONS.
* Boivent. V. & G. du P.

CXIII.

ITEM, à maiſtre Jehan Laurens,
Qui a les povres yeulx ſi rouges,
Par le peché de ſes parens,
Qui beurent * en barilz & courges,
Je donne l'envers de mes bouges (*a*),
Pour chaſcun matin les torcher.
S'il fuſt Archeveſque de Bourges,
Du cendal (*b*) (1.) euſt, mais il eſt cher.

CXIV.

REMARQUES.

(*a*) *Bouges.*] C'eſt-à-dire de mes *Brayes*, de mon *Haut-de-Chauſſes*, de ma *Culotte*. R. d. l'E.

(*b*) *Cendal.*] Sorte de Tafetas fort mince. Voïez la Note 10 ſur Rabelais, Livre V, Chapitre X.

(1) *Du Cendal.*] Du Velours. Il eſt ſouvent parlé des *Cendaux*, dans les anciennes Ordonnances. Voïez le *Gloſſaire* de M. Du-Cange ſur *Cendalum*. CE *Cendal* étoit une Etoffe de Soïe, fort épaiſſe, ce qui revient bien en effet à du Velours: & l'*Oriflamme de St. Denis* en étoit faite. Borel interprete ce Mot par *Bois rouge des Indes*, & par Couleur priſe du Bois de *Sandal*, rouge, blanc, ou citrin: & n'a pas entendu, que, dans ces Vers de Perceval,

Une Pierre aprés li Greal,
Couverte d'un Paile cendal,

il s'agiſſoit d'un *Paile Velours*, comme on écrivoit alors, c'eſt-à-dire, d'un *Poële de Velours*. Ce *Greal* étoit le Vaiſſeau, dans lequel on ſuppoſe que Joſeph d'Arimathée recueillit le Sang de Jeſus-Chriſt, & ſur lequel on a fait un Poëme, intitulé *Le Saint Greal*, Corruption de *Sang Real*, ou *Roïal*; Ouvrage, où l'on décrit fort ſuperſtitieuſement les merveilleuſes Avantures de ce miraculeux Vaiſſeau. *Ad. d. l'E.*

CXIV.

Item, à maiſtre Jehan Cotard,
Mon procureur en court d'Egliſe,
(Auquel doy encore ung patard (a),
A ceſte heure je m'en adviſe *,
Quant chicanner me feit Deniſe,
Diſant que l'avoye mauldite:)
Pour ſon ame (que es cieulx ſoit miſe)
Ceſte oraiſon cy j'ay eſcripte *.

Diverses Leçons.
* *Car à preſent bien m'en adviſe.* V.
* *J'en ay eſcripte.* V.

REMARQUES.

(a) *Patard:*] en Allemand *Patar*; Monnoïe Allemande, valant un Sou. *R. d. l'E.*

X. BALLADE, ET ORAISON*.

*Oraison en forme de Ballade. G. du P.

DIVERSES LEÇONS.

I.

PERE Noé, qui plantastes la vigne;
Vous aussi Loth, qui bustes au rocher,
Par tel party, qu'amour, qui gens engi-
 gne (a),
De voz filles si vous feit approcher,
Pas ne le dy pour le vous reprocher;
Architriclin (1) qui bien sceustes cest art;
Tous trois vous pri'., que o vous (2) veuil-
 lez percher
L'ame du bon feu maistre Jehan Cotard.

II.

JADIS extraict il fut de vostre ligne,
Luy qui beuvoit du meilleur & plus cher,
Et

REMARQUES.

(a) *Engigne.*] Deçoit.
(1) *Architriclin:*] c'est-à-dire, *Rex Vini, Magister potandi.* Ciaconius *de Triclinio*, pag. 50. Un *Architriclin* est proprement un *Maître-d'Hotel*; & ce Mot est une Traduction de celui d'Ἀρχιτρικλινος. Ad. d. l'E.
(2) *O vous:*] Avec vous. C'est ainsi que Jacquemars Gielée, l'Auteur du *Nouveau Regnard*, a dit:
 Fors que, par Amourettes fines,
 Mettre le Cocq o les Gelines. Ad. d. l'E.

Et ne deuſt il avoir vaillant qu'ung pi- *Avoir
gne * (a). vaillant ung
Certes (ſur tous) c'eſtoit ung bon archer (b), pigne. V.
On ne luy ſceut pot des mains arracher :
De bien boire ne fut oncques faitard (a).
Nobles ſeigneurs, ne ſouffrez empeſcher
L'ame du bon feu maiſtre Jehan Cotard.

III.

Comme homme embeu * (b), qui chan- *Vieil.
celle & trepigne, V. & G. du
L'ay veu ſouvent, quant il ſe alloit cou- P.
cher *; *Falloit
Et une foys il ſe feit une bigne (3) (c) coucher. V.
Bien

REMARQUES.

(a) *Vaillant qu'ung Pigne.*] Un *Peigne*. Guillemette, dans la *Farce de Pathelin*, dit : *Que nous vault cecy? Pas ung Peigne*. Ce qui revient à ces Paroles de *Roman de la Roſe*, au feuillet 89. b. de l'Edition de 1531, où la Vieille parle ainſi d'elle-même étant ſur le Retour, & de ſon Ruſien :

Quand les Dons nous furent failliz,
Lors devint-il ſon Pain quérant;
Et je n'euz vaillant ung Sérant :

c'eſt-à-dire, un Peigne. Voïez la Note 65 ſur Rabelais, Livre II, Chapitre XXX : & remarquez, que, dans le Vers de la *Farce de Pathelin*, ci-deſſus rapporté, *Peigne* rime avec *Eſpaigne* du Vers précédent.

(b) *Ung bon Archer.*] Un bon Biberon. C'eſt d'ici, apparemment, que Beze, dans ſon *Paſſavant*, avoit appris à qualifier d'*Arcitenens de Vitro* le fameux Pierre Liſet.

(a) *Faitard.*] Pareſſeux, qui *tard faict* quelquechoſe.

(b) *Embeu:*] emboyté, yvre.
(3) *Bigne.*] Boſſe, *Tumor*.
(c) *Il ſe feit une Bigne.*] Marot, dans la XXXII de ſes *Chanſons*, dit :

126 LE GRAND

DIVERSES (Bien m'en ſouvient) à l'eſtal d'ung bou-
LEÇONS.   cher.
Brief, on n'euſt ſçeu en ce monde cercher
Meilleur pion (1), pour boire toſt & tard.
* *Buc-* Faictes l'entrer (ſi vous l'oyez hucher *)
quer (a). L'ame du bon feu maiſtre Jehan Cotard.
G. du P.

IV.

PRINCE, il n'euſt ſçeu juſque à terre
cracher.
Tousjours crioyt, haro, la gorge m'ard
(2) (3):
Et ſi ne ſceut oncq' ſa ſoif eſtancher,
L'ame du bon feu maiſtre Jehan Cotard.

CXV.

† ITEM, vueil que le jeune Merle
* *Le conte* Deſormais gouverne mon change,
Merle. N. (Car de changer enuys (*a*) me meſle,)
& G. du P. Pourveu que tousjours baille en change,
(Soit

REMARQUES.

Avec Flaſcons, Silenus le ſuivoit,
Lequel beuvoit auſſi droict qu'une Ligne.
Puis il trépigne, & ſe faict une Bigne.

(1) *Pion:*] Potator.
(*a*) *Hucher, bucquer.*] Ce ſont deux Mots Picards, dont l'un ſignifie *appeller* fortement quelqu'un, crier après lui; & l'autre, *frapper, heurter,* à une Porte. R. d. l'E.
(2) *M'ard.*] Me brule.
(3) *M'ard.*] La Fontaine a employé ce Vers dans le Conte *du Payſan qui a offenſé ſon Seigneur.*
(*b*) *Enuys:*] c'eſt-à-dire, *En huy,* aujourd'hui, préſentement.

(Soit à privé, foit à eſtrange,)
Pour trois eſcus, ſix Brettes targes (1),
Pour deux angelotz (2), ung grand ange.
Amoureux doivent eſtre larges.

CXVI.

Item, j'ay ſceu à ce voyage,
Que mes trois povres orphelins (a),
Sont creuz & deviennent en aage,
Et n'ont pas teſtes de bellins (3) (b),
Et que enfans d'icy à Salins,
N'a mieulx jouäns leur tour d'eſcolle.
Or par l'ordre des Mathelins (c),
Telle jeuneſſe n'eſt pas folle.

CXVII.

REMARQUES.

(1) *Brettes Targes:*] Boucliers Bretons.

(2) *Angelots.*] L'*Angelot* étoit une Monnoye Angloiſe d'Or, frappée à Paris vers 1342, dans le temps que les Anglois y étoient les Maiſtres. Voïez le Blanc, *Traité des Monnoyes*, & Ménage ſur *Angelots*.

(a) *Mes trois povres Orphelins.*] Colin Laurens, Girard Goſſoyn, & Jean Marceau. Voïez le *petit Teſtament*, Huitains XVIII & XIX. R. d. l'E.

(3) *Teſtes de Bellins:*] Têtes de Beliers ou de Moutons.

(b) *N'ont pas Teſtes de Bellins:*] ne ſont pas ſots. Le *Mouton* paſſe pour le plus *ſot* des Animaux quadrupedes.

(c) *Mathelins.*] Enfans de la *Mathe*, peut-être, comme ce Mot ſe trouve écrit plus bas, dans la V *Ballade* du *Jargon*. Auquel cas, les Filoux auroient été appellez par Anti-Phraſe *Enfans de la Mathe*, comme étant auſſi ruſez, que le ſont peu ceux dont on acoûtume de dire, qu'ils ſont de la Confrairie de S. *Maturin*, ou *Matelin*, comme on prononce par corruption.

CXVII.

Si vueil qu'ilz voyfent à l'eftude.
Ou ? Chez maiftre Pierre Richer.
Le Donnait eft pour eulx trop rude (*a*):
Ja ne les y vueil empefcher.
Ilz fçauront (je l'ayme plus cher)
Ave falus, Tibi decus (*b*),
Sans plus grandes lettres cercher.
Toujours n'ont pas clercs le deffus (*c*).

CXVIII.

REMARQUES.

(*a*) *Le Donnait eft pour eulx trop rude.*] Allufion de *rude* à *Rudiment*, comme en eft un le *Donat*, ou, pour parler comme les Parifiens, le *Donnait*, qui s'apprenoit autrefois au College. Voïez le *Dictionaire* de Furetiere, au Mot *Rudiment*. Si les Parifiens prononçoient le *Donnait*, c'eft qu'ils écrivoient le *Donnet*, comme il paroit par *Le Donnet*, *Traité de Grammaire, baillé au Roi Charles VIII de ce Nom*, inféré dans le *Jardin de Plaifance & Fleur de Rhetorique*, rimprimé à *Paris*, chés la *Veuve de Jehan Treperel*, en 1547, *in Octavo*. Ad. d. l'E.

(*b*) *Ave falus, Tibi decus.*] Ici, *Ave* eft apparemment l'*Ave Maria*; *Salus*, la *Salutation Angélique*; & *Tibi decus*, la Conclufion de l'*Oraifon Dominicale*. COMME l'*Ave Maria*, & la *Salutation Angélique*, ne font qu'une feule & même Chofe, il eft clair, que Mr. le Duchat fe trompe-là. R. d. l'E. Auffi s'eft-il corrigé fur un Papier volant, en ces Termes : *Ave Salus Mundi, in qua Salvator pependit.* Cela fe chante le Vendredi Saint, à l'Adoration de la Croix. *Tibi Decus, tibi Gloria, in Sæcula Sæculorum*, eft dans l'Hymne qui fe chante à Matines après le *Te Deum, &c. Ave Salus* eft proprement ce qu'on appelle la *Patrenotre blanche*, inférée par Mr. Valin dans fa *Differtation fur Sainte Genevieve*.

(*c*) *Toujours n'ont pas Clercs le deffus.*] C'eft le *magis magnos Clericos, &c.* de Rabelais.

CXVIII.

Cecy eſtudient, & puis ho (a);
Plus proceder je leur deffens.
Quant d'entendre le grant *Credo* (b),
Trop fort il eſt pour telz enfans.
Mon long tabart (a) en deux je fendz *:   * En deux
Si vueil que la moitié s'en vende,   ſens. V. &
Pour leur en achepter des flans;   G. d. P.
Car jeuneſſe eſt ung peu friande.

CXIX.

Et vueil qu'ilz ſoyent informez
En meurs, quoy que couſte bature (c);
Chapperons auront enfoncez,
Et les poulces ſoubz la ceincture,
Humbles à toute creature,
Diſans,,, Hen (d)? Quoy? Il n'en eſt rien.,,
Si diront gens (par adventure,)
Voycy enfans de lieu de bien.

CXX.

REMARQUES.

(a) *Ho.*] C'eſt-à-dire, *Hola.* R. d. l'E.

(b) *Le grant* Credo.] Le Symbole de Nicée, plus étendu que celui des Apôtres. R. d. l'E.

(a) *Tabart.*] Une Manteline de alors. Voïez ci-deſſus le XVII Huitain du *petit Teſtament*, Remarques (a) & (a); & le XCIX Huitain du *grand Teſtament*, Remarque (1). Ad. d. l'E.

(c) *Bature.*] Vieux Mot négligé dans nos *Dictionaires* d'anciens Termes. R. d. l'E.

(d) Diſans, *Hen?*] A tout ce qui ſe dira devant eux, diſans *Hen?* avec cette prétendue Eloquence, dont parle la Note prémiere ſur Rabelais, Livre I, Chapitre XIX.

I

DIVERSES
LEÇONS.

CXX.

Lettres.
V. & G. du
P.

ITEM, à mes pouvres clergeons,
Auſquelz mes tiltres * reſignay (a),
Beaulx enfans, & droictz comme joncz,
Les voyant m'en deſſaiſinay,
Et (ſans recevoir) aſſignay,
Seur comme qui l'auroit en paulme (1),
A ung certain jour conſigné,
Sur l'hoſtel de Gueſdry Guillaume (b).

CXXI.

QUOYQUE jeunes & esbatans
Soyent, en rien ne me deſplaiſt.
Dedans vingt, trente, ou quarante ans,
Bien autres feront (ſi Dieu plaiſt.)
Il faict mal qui ne leur complaiſt;
Car ce ſont beaux enfans & gents :
Et qui les bat, ou fiert (a), fol eſt;
Car enfans ſi deviennent gens (c).

CXXII.

REMARQUES.

(a) *Mes pouvres Clergeons, auſquelz mes Tiltres laiſ-ſay.*] Maiſtre Guillaume Cotin, & Maiſtre Thibaut de Vitry, auſquels il avoit déjà laiſſé ſa *Nomination de l'Univerſité.* Voïez ci-deſſus les Huitains XX & XXI du *petit Teſtament.* R. d. l'E.

(1) *En Paulme.*] En la Main.

(b) *Gueſdry Guillaume.*] Ou *Guillot Geuldry,* auquel ſont recommandez, Huitain XXI du *petit Teſtament,* ces *deux pouvres Cleres parlant Latin,* & certainement le même Homme, qu'on ne devoit donc pas répéter ſous deux Noms différens dans la *Table des Familles de Paris.* R. d. l'E.

(a) *Fiert:*] Frappe.

(c) *Deviennent Gens:*] c'eſt-à-dire, Hommes faits. R. d. l'E.

CXXII.

Les bourses (*a*) des dix & huict clercs
Auront: je m'y vueil employer.
Pas ilz ne dorment comme loirs (a),
Qui trois mois sont sans resveiller.
Au fort, triste est le sommeiller,
Qui faict aiser jeune en jeunesse,
Tant qu'enfin luy faille vieiller,
Quant reposer deust en vieillesse (*b*).

Diverses Leçons.

Belle Sentence.

CXXIII.

Si en escriptz au collateur,
Lettres semblables & pareilles.
Or prient pour leur bienfaicteur:
Ou qu'on leur tire les oreilles.
Aucunes gens ont grand merveilles,
Que tant luis enclin à ces deux;
Mais, foy que doy, festes & veilles,
Oncques ne vey les meres d'eulx.

CXXIV.

REMARQUES.

(*a*) *Les Bourses.*] Ce sont les *Bourses* de Colleges, d'où sont nommez *Boursiers* ceux qui en jouïssent.

(*a*) *Loirs.*] Loutre.

(*b*) *Jeunesse ... Vieillesse.*] A cela revient assez la Pensée de l'Auteur du *Blason des faulses Amours*, en ces deux Vers:

Vieillesse acquiert, bastit, maisonne;
Jeunesse du bon Temps se donne.

R. d. l'E.

CXXIV.

<small>DIVERSES LEÇONS.</small>

ITEM, & à Michault Culdouë
Et à fire Charlot Taranne,
Cent folz. S'ilz demandent prins ouë(a)(a)?
Ne leur chaille, ils viendront demanne (b):
<small>* Chauſſes. V. & N.</small> Et unes bottes * de baſanne,
Autant empeigne, que femelle;
Pourveu qu'ils ne falueront Jehanne,
Et autant une autre comme elle.

CXXV.

ITEM, au feigneur de Grigny,
(Auquel jadis laiſſay Viceſtre (1),)
Je donne la tour de Billy;
<small>* r a. V. & G. du P.</small> Pourveu, fe huys n'y a * ne feneſtre
(Qui foit debout en tout ceſt eſtre.)
<small>* Qu'il re- mette tres- tout bien joingt. V. G. du P. & N.</small> Qu'il mette tres bien tout appoinct *,
Face argent a dextre & a feneſtre (c):
Il m'en fault, & il n'en a point *.

<small>* Il luy viendra touſjours à point. V. N. & G. du P.</small>

CXXVI.

REMARQUES.

(a) La Commune de Paris ne dit *ou*, ne *qui*, mais, *oue*, & *quie*.

(a) *Oue.*] *D'ubi eſt?* vient *oue*, comme de *hoc eſt* vient *oue* dans la Signification de *ouï*. Voïez *Ménage Origines Françoiſes*, au Mot *Ouy*.

(b) *Demanne.*] C'eſt-à-dire, *demain*, jamais.

(1) *Viceſtre.*] On appelloit anciennement cette Maiſon *la Grange aux Gueux*. Voïez ci-deſſus le XIII Huitain du *petit Teſtament*, dans la Remarque (2) duquel il s'explique plus au long fur *Viceſtre* ou *Biſeſtre*. Ad. d. l'E.

(c) *Face argent a dextre & a feneſtre.*] Otez ce dernier *a*, ſans quoi le Vers ſera trop long. R. d. l'E.

CXXVI.

Item, à Thibault de la Garde:
Thibault! Je mentz: il a nom Jehan *.
Que luy donray-je, que ne perde (a)?
(Aſſez ay perdu tout ceſt an.
Dieu le vueille pourvoir, amen!)
Le barillet? Par m'ame voyre.
Genevoys * eſt plus ancien
Et a plus grant nez pour y boyre (b).

CXXVII.

Item, je donne à Baſanyer *
Notaire & greffier criminel,
De giroffle plain ung panyer,
Prins chez maiſtre Jehan de Ruel;
Tant à Mautainct, tant à Roſnel *:
Et, avec ce don de giroffle,
Servir de cueur gent & yſnel (1) (c)

DIVERSES LEÇONS.

* Item Sire Jehan de la Garde, qu'aura il de moy à la ſaint Jehan. V. N. & G. du P.

* Aux genoulx. V. N. & G. du P.

* Baſumier. V. N, & G. du P.

* Roſvel. V. & N. Motuel. G. du P.

Le

REMARQUES.

(a) Le Pariſien dit *parde*, & non *perde*.
(a) *Plus grand Nez pour y boire.*] Le Proverbe, *Beau Nez pour boire au Baril*, ſe dit ironiquement de ceux qui ont le Nez grand. Il n'y a que ceux qui l'ont fort camus, qui puiſſent y boire commodément. Voïez la Note 30 ſur Rabelais, Livre II, Chapitre I.
(1) *Yſnel:*] prompt, léger. Le *Roman de la Roſe*, dit:

Et puis viendra Jean Clopinel
Au Cœur gentil, au Cœur yſnel.

(b) *Yſnel.*] De l'Allemand *ſchnell*, prompt, alerte.

134 LE GRAND

Diverses Leçons. Le seigneur qui sert Sainct-Christofle (a).

CXXVIII.

AUQUEL ceste Ballade donne,
Pour sa dame, qui tous biens a.
Se amour ainsi ne nous guerdonne *(1),
Je ne m'esbahys de cela ;
Car au pas (b), conquesté celle a,
Present René roy de Cecille *,
Ou autant feit (& peu parla)
Qu'oncques Hector feit, ne Troïle.

* S'amour ainsi tous nous guerdonne. V. & N.
* Que tant regna roy de Cecille. V. N. & G. du P.

REMARQUES.

(a) *Saint-Christofle.*] Une Dame de ce Nom-là, AU Galand de laquelle il fait donner ce Girofle, par la même Raison qu'il conseilloit le *Gingembre*, ci-dessus Huitain C. *Ad. d. l'E.*

(1) *Guerdonner :*] Récompenser.

(b) *Au pas.*] Ou bien à l'Attaque, ou à la Défense, de certain *Pas*, à la maniere des anciens Paladins.

XI. BAL-

XI. BALLADE,

Que Villon donna à ung Gentil-homme nouvellement marié, pour l'envoyer à son Espouse par luy conquise à l'Espée.

I.

AU poinct du jour, que l'esprevier so bat,
Non pas de deuil, mais par noble coustume,
Bruyt il demaine *, & de joye s'esbat,   * *Bruit de*
Reçoit son par (a) & se jonct (b) à la plume;   *maulvis. V.*
Ainsi vous vueil. A ce desir m'alume   *& N.*
Joyeusement ce qu'aux amans bon semble.
Sachez qu'amour l'escript en son volume *:   * *Qu'a-*
Et c'est la fin pourquoy sommes ensemble.   *mours l'es-*
                                              crivent en
                                              leur volume.
                                              V. & N.

II.

DAME serez de mon cueur, sans debat,
Entierement jusques mort (a) me consume,
Laurier souëf, pour mon droit, se combat.
O

REMARQUES.
(a) *Reçoit son par:*] ou *son pareil.* R. d. l'E.
(b) *Jonct.*] Pour *Joinct.* R. d. l'E.
(a) *Jusques mort:*] Tant que mort.

DIVERSES O rosier * franc, contre toute amertume,
LEÇONS. Raison ne veult que je desacoustume,
* Olivier. (Et en ce vueil avec elle m'assemble)
V. & N. De vous servir, mais que m'y acoustume;
Et c'est la fin pourquoy sommes ensemble.

III.

ET, qui plus est, quant dueil sur moy s'embat (a)
Par fortune, qui souvent si se fume (b),
Vostre doulx œil sa malice rabat,
Ne plus, ne moins, que le vent faict la plume.
Si ne perds pas la graine que je fume (a)
En vostre champ, car le fruict me ressemble.
Dieu m'ordonne, que je le face & fume (b);
Et c'est la fin pourquoy sommes ensemble.

IV.

PRINCESSE, oyez ce que cy vous resume :
Que le mien cueur du vostre desassemble;
Ja ne sera; tant de vous en presume:
Et c'est la fin pourquoy sommes ensemble.

CXXIX.

REMARQUES.

(a) *S'embat.*] Dans nos vieux Livres, *s'embattre sur quelqu'un*, c'est se trouver inopinément où il est.
(b) *Se fume.*] Est toute *fumante* de Courroux.
(a) *Sume:*] Seme.
(b) *Sume:*] Preigne trop, tiré du Latin.

CXXIX.

† Item, à sire Jehan Perdryer,
Riens, n'a Françoys (1) son second frere (*a*).
Si m'ont ilz voulu aydier,
Et de leurs biens faire confrere.
Combien que François, mon compere,
Langues cuysans, flambans & rouges,
(Sans commandemens, sans priere,)
Me recommanda fort à Bourges.

CXXX.

REMARQUES.

(1) *N'a François, &c.*] N'y à François, &c.

(*a*) *A Sire Jehan Perdryer, riens, n'a François son second Frere.*] Peut-être faudroit-il-là un Point interrogant, comme si VILLON se demandoit à lui-même, S'il ne leur laisseroit rien? Quoiqu'il en soit, ces *Perdryers* étoient apparemment Freres ou Cousins de ce *jeune Fils de Paris*, nommé Henry Perdriel, dans la *Chronique Scandaleuse de Louïs XI*, sous le 19 de Novembre 1468, *& par qui furent prinses pour le Roy, & par Vertu de sa Commission, toutes les Pies, Jais, & Chouëttes, étant en Cage ou aultrement, & estant privées: ... & estoit enregistré le Lieu où avoient esté prins lesdits Oiseaulx, & aussi tout ce qu'ils sçavoient dire, comme* Larron, Paillart, Fils de Putain, Perette donne-moi à boire, *& plusieurs autres beaulx Mots.* C'est ce que se contente d'observer la *Chronique Scandaleuse*. Mais, d'autres Ecrivains soutiennent, que le vrai But de cet Enlevement étoit de sçavoir, si l'on n'avoit pas appris à ces Animaux à dire *Perrone*, ou quelque autre Mot malin & satirique contre le Roi, qui ne faisoit que de sortir de ce honteux Trebuchet, où il s'étoit si imprudemment jetté. *R. d. l'E.*

DIVERSES LEÇONS.

CXXX.

Si aille veoir en Taillevent (a),
Ou chapitre de fricaſſure,
Tout au long derriere & devant,
Lequel n'en parle jus ne ſure (a).
Mais Macquaire, je vous aſſeure,
(A tout le poil cuyſant ung Dyable (b),
Affin que ſentiſt bon l'arſure (c),)
Ce *recipe* m'eſcript ſans fable *.

* *Faille.*
V. *fable.* N.
& G. du P.

REMARQUES.

(a) *Taillevent.*] Apparemment, le *Cuiſinier François* de ce Tems-là.

(a) *Jus ne ſure.*] Soubz, ne ſur.

(b) *A tout le Poil cuyſant ung Dyable.*] La Légende de S. Macaire eſt toute remplie d'Exploits de ce Saint contre des Diables; mais, elle ſe tait de celui-ci. Par *à tout le Poil*, il faut entendre *avec le Poil.* Ad. d. l'E.

(c) *Arſure.*] D'*ardeo, ardere*, qui ſignifie *brulere.* C'eſt donc à dire, *Brulure.* R. d. l'E.

XII. BAL-

XII. BALLADE.

I.

EN reagal, en arcenic rocher,
En orpigment (*a*), en falpeftre, &
   chaulx vive;
En plomb boillant (pour mieulx les ef-
   morcher (*b*);)
En fuif, & poix, deftrampez de laiffive
Faicte d'eftronts & de piflat de Juifve;
En lavaille * de jambes à Meſeaulx (1);   * *Laveure.*
                                    En V. & N.

REMARQUES.

(*a*) *En réagal, en arcenic rocher, en orpigment.*] De même Style, & toute d'Imprécations, comme celle-ci, étoit certaine *Ballade de* VILLON *contre les Taverniers de ſon Tems*, qui frelatoient le Vin. J'en donnerai, à la Fin de cette I Partie, le premier & ſeul Couplet qui nous reſte. Comme il paroit que le Poëte s'y étoit corrigé des Coupes féminines, qui lui ſont ſi ordinaires, je la crois une de ſes dernieres Piéces.

(*b*) *Eſmorcher.*] Comme qui diroit, *tourmenter, maltraiter*. R. d. l'E.

(1) *Lavaille de Jambes à Meſeaux*:] c'eſt-à-dire, à Ladres. La Meſellerie étoit un Mal ſi contagieux, que, quand une Perſonne en avoit été jugée atteinte, on luy faiſoit ſon Service; &, comme morte au Monde, elle ne ſuccédoit plus. Il y en a encore une Diſpoſition dans la *Coutume de Normandie*, Article 274. Voïez l'Article 55. de la *Coutume de Haynaut*, intitulé *de Service du Ladre*. Après le Service fait, on menoit le Ladre à ſa *Borde*, c'eſt-à-dire, à la petite Maiſon, qui luy avoit été deſtinée

en

DIVERSES LEÇONS.

En raclure de piedz & vieulx houseaulx;
En sang d'aspic, telz drogues perilleuses;
En fiel de loups, de regnards, & blereaux;
Soient frittes ces langues venimeuses.

II.

En cervelle de chat, qui hayt pescher (a),
Noir, & si vieil, qu'il n'ayt dent en gencive;
D'ung vieil mastin, qui vault bien aussi cher,
Tout enragé en sa bave & salive;
En l'escume d'une mulle poussive,
Detrenchée menu à bons ciseaulx;
En eau ou ratz plongent groings & museaulx,
Raines, crapaulx, telz bestes dangereuses,
Serpens, lezards, & telz nobles oyseaulx;
Soient frittes ces langues venimeuses.

III.

En sublimé, dangereux à toucher;
Et au nombril d'une couleuvre vive;

En

REMARQUES.

en plaine Campagne, & on luy deffendoit d'entrer dans aucune Maison, dans un Moulin, de regarder dans les Puits ni les Fontaines, d'entrer dans les Tribunaux, & dans les Eglises pendant le Service, de parler à personne qu'au-dessous du Vent, de ne boire que dans sa Tasse, & de ne point passer sur un Pont sans avoir les Gands aux Mains. Voïez les *Statuts Synodaux du Diocese de Troyes*, & Bochel dans son *Decret*, Livre III, Chapitre XVI, page 486. La même Chose se trouve dans les *Statuts Synodaux MSS. de Soissons*.

(a) *Chat, qui hayt pescher.*] C'est-à-dire, qui craint l'Eau.

TESTAMENT. 141

En fang qu'on meɖ en poylettes * fecher
Chez ces barbiers, quant plaine lune ar-
    rive,
Dont l'ung eft noir, l'autre plus vert que
    cive;
En chancre & fix (*a*), & en ces ords cu-
    veaulx.
Ou nourrices effangent(*b*)leurs drappeaulx;
En petits baings de filles amoureufes,
(Qui ne m'entend n'a fuivy les bor-
    deaulx *;)
Soient frittes ces langues venimeufes.

DIVERSES LEÇONS.
* Palettes V.

* Qui ni demandent qu'à fuivre les bordeaulx. V. & N.

IV.

PRINCE, paffez tous ces frians mor-
    ceaulx,
Se eftamine n'avez, facs, ou bluteaux,
Parmy le fons d'unes brayes breneufes;
Mais, paravant, en eftronts de pourceaulx
Soient frittes ces langues venimeufes.

REMARQUES.

(*a*) *Chancres & fix.*] C'eft-à-dire *Fics*, plurier de *Fic*, Maladie du Fondement, dont la Guérifon eft commife à Saint *Fiacre*, à caufe de la Conformité du Nom. R. d. l'E.

(*b*) *Effangent.*] Peut-être par corruption pour *effaugent*. A Metz, & dans toute la Lorraine, *chauër*, d'*exaquare*, c'eft battre & tordre le Linge de Leffive, pour en faire fortir l'Eau fale.

CLEMENT MAROT,

AUX LECTEURS.

Du Temps de Villon (Lecteurs) fut faicte une petite Oeuvre intitulée, Les Ditz de Franc Gontier (1) (a), *là où la Vie paſtouralle eſt eſtimée; &, pour y contredire, fut faicte une autre Oeuvre intitulée,* Les Contredictz Franc Gontier, *dont le Subgect eſt prins ſur ung Tyrant, & auquel Oeuvre la Vie de quelque grand Seigneur d'icelluy Temps eſt taxée: mais* VILLON, *plus ſaigement, & ſans parler des grans Seigneurs, feit d'autres* Contredictz de Franc Gontier, *parlant ſeulement d'ung Chanoyne, comme verrez cy-après.*

CXXXI.

ITEM, à Maiſtre Andry Courault,
Les

REMARQUES.

(1) *Les Ditz de Franc Gontier.*] Ils ne ſont pas du Tems de Villon : ils ſont de Philippe de Vitri, mort Eveſque de Meaux en 1351. Ainſi, Marot s'eſt trompé d'un Siécle entier, puiſque Villon eſt mort vers la fin du XV Siécle.

(a) *Franc Gontier.*] Payiſan, qui n'a rien à perdre, & qui eſt content de ſa Condition.

Les Contredictz Franc Gontier mande (a): DIVERSES
Quant du Tyrant, seant en hault, LEÇONS.
A cestuy-là rien ne demande.
Le saige ne veult que contende,
Contre puissant, pouvre homme las;
Affin que ses filez ne tende,
Et qu'il ne tresbusche en ses las (a).

CXXXII.

GONTIER ne craint qui n'a nulz hom-
 mes (b),
Et mieulx que moy n'est herité:
Mais en ce debat * cy nous sommes,   *Danger:
Car il loüe sa pouvreté.   V. & N.
Estre pouvre, yver, & esté,
A bonheur cela il repute;
Je le tiens à malheureté.
Lequel à tort? Or en discute.

XIII.

REMARQUES.

(a) *Franc Gontier mande:*] le Nom du Berger mande. MAIS, Marot n'a pas pris ici le vrai Sens du Poëte. En effet, VILLON *mande*, c'est-à-dire, *envoie*, les *Contredits de Franc Gontier*, & non pas simplement *le Nom* de ce Berger. Ce Mot, ou simplement celui de *mand*, étoit autrefois fort usité en ce Sens, comme André de la Vigne le prouve par cette Saillie singuliere:

> *Si vous m'aimez, ma Damoiselle,*
> *A vos Graces me recommand:*
> *Autrement, vieille Macquerelle,*
> *A tous les Diables je vous mand.*
>   *Ad. d. l'E.*

(*a*) *Las.*] ou *Lacs*. R. d. l'E.

(b) *Gontier ne craint qui n'a nulz Hommes.*] Qui, comme moi, n'a, ni Domestiques, ni Vasseaux, ne craint rien, non plus qu'un *Gontier* proprement ainsi nommé.

XIII. BALLADE,

INTITULÉE,

Les Contredictz de Franc Gontier.

I.

† SUR mol duvet assis ung gras Chanoine,
Lez ung brasier, en chambre bien nattée (*a*),
A son costé gisant dame Sydoine,
Blanche, tendre, pollie, & attaintée:
Boire ypocras, à jour & à nuyctée,
Rire, jouër, mignonner, & baiser,
Et nud à nud (pour mieulx leurs corps
 ayser,)

Les

REMARQUES.

(*a*) *Chambre bien nattée.*] Chambre, non pas tapissée de Nattes, mais où de bonnes Nattes servent de Tapis de Pié contre le Froid. La *Chronique Scandaleuse*, parlant d'une Inondation, qui en 1460 emporta une Partie du Château qu'avoit à Claïe l'Evêque de Meaux, dit: *Et, entre les grands Dommages, ladite Riviere* (de Marne) *vint si grande,* . . . . *qu'elle en emporta toute la Maſſonnerie du devant,* . . . . *où il y avoit deux belles Tours nouvellement basties; dedans lesquelles y avoit de belles Chambres bien nattées, voire bien garnies de Licts, Tapiſſeries, & aultres Choses, que tout en emporta ladite Riviere.* Et Marot, dans son *Epître en Prose à Madame d'Alençon*, dit: *& vivront pauvres Laboureurs seurement en leurs Habitations, comme Prélatz en Chambres bien nattées.*

TESTAMENT. 145

Les vy tous deux par ung trou de mortaife.
Lors je congneu, que, pour dueil appaifer,
Il n'eft trefor, que de vivre à fon aife.

II.

Si Franc Gontier, & fa compaigne
  Heleine (a),
Euffent cefte doulce vie hantée,
D'aulx & civotz *, qui caufent forte àlai-
  ne (a),
N'en mangeaffent bife croufte frottée*.
Tout leur mathon (b) (b), ne toute leur
  potée *,
Ne prife ung ail: je le dy fans noyfier.
S'ilz fe vantent* coucher foubz le rofier,
Ne vault pas mieulx lict coftoyé de chai-
  fe *?
Qu'en dictes vous? Faut il à ce mufer?
Il n'eft trefor que de vivre à fon aife.

III.

De gros pain bis vivent, d'orge, & d'a-
  voyne,

Marginal notes:
DIVERSES LEÇONS.
* D'oi-gnons civoés. V.
* N'en comptaffent une bife tou-ftée. V. tau-ftee. N. ta-ftée. G. du P.
* Mathiés v. N. & G. du P.
* Si s'en vont ils. V. N. & G. du P.
* Lequel vault mieux lit coftoyé de chaifes. V & N.

REMARQUES.

(a) *Franc Gontier, & Heleine:*] fignifient le Paf-tour & la Paftoure.
(a) *Forte alaine.*] Lifez: forte Haleine. R. d. l'E.
(b) *Mathon:*] Laict caillé.
(b) *Mathon & Maton.*] C'eft proprement du Lait aigre, caillé par Morceaux, comme de peti-tes *Mottes* de Terre ou de Moilon. La Popelinie-re, Tome I, au Feuillet 108 a, de fon *Hiftoire* d'Edition in folio 1580, dit: *Il y eut beaucoup de Gens tuez & bleffés des Matons & Efclatz des Pa-rapets.* En Lorraine, on ne dit que *Matons*, au pluriel.

K

DIVERSES LEÇONS.

Et boyvent eau tout au long de l'année.
Tous les oyseaulx d'icy en Babyloine,
A tel escot, une seule journée
Ne me tiendroient, non une matinée.
Or s'esbate (de par Dieu) Franc Gontier,
Helene o luy (1) soubz le bel Esglantier.
Si bien leur est, n'ay cause qu'il me poise.
Mais, quoy qu'il soit du laboureux mestier,
Il n'est tresor que de vivre à son aise.

IV.

PRINCE, jugez, pour tous nous accorder.
Quant est a moy, (mais qu'a nul n'en desplaise,)
Petit enfant j'ay ouï recorder,
Qu'il n'est tresor que de vivre à son aise.

CXXXIII.

† ITEM, pour ce que sçait la Bible
Mademoyselle de Bruyeres,
Donne prescher (hors l'Evangile)
A elle & à ses bachelieres * (a),

* Chambe-
rieres. V.
M.

Pour

REMARQUES.

(1) *O luy.*] Avec luy.
(a) *Bachelieres.*] Apparemment pour la Rime, au lieu de *Bachelettes*, dont le Poëte se sert ailleurs dans le même Sens. Voïez ci-dessus, page 76, la Remarque (1) sur le Huitain VI de la *Double Ballade.* R. d. l'E.

TESTAMENT.

Pour retraire ces villotieres (1) (*a*),
Qui ont le bec si affilé ;
Mais que ce soit hors Cymetieres
Trop bien au marché au filé.

REMARQUES.

(1) *Villotieres.*] Le *Roman de la Rose*, dit :
> Car, je ne suis pas jengleresse,
> Villotiere, ne tencerésse, &c.

(*a*) *Villotieres :*] Femmes, dont la Journée se passe à courir la *Ville*. Il semble pourtant, que, dans la Signification qu'a ce Mot dans le *Roman de la Rose*, il vienne de *Guille*, & doive se prononcer comme *Villon* & *Guillot*. Le Jaloux dit à sa Femme, dans le *Roman de la Rose*, feuillet 52 a :
> Trop estes, dit-il, Villotiere,
> Et avez trop nice Maniere.
> Quand suis en mon Labeur allé,
> Tantost sera par vous ballé,
> Et demenez telle Follée,
> Qu'avis m'est que c'est Ribauldée.

Et au feuillet 101 a,
> Car je ne suis pas jengleresse,
> Villotiere, ne Tencerésse.

C'est-à-dire,
> Coureuse, babillarde,
> Clabaudeuse & Criarde. Ad. d. l'E.

XIV. BALLADE

des Femmes de Paris*.

Dans les Editions de V. N. & G. du P. il y a Ballade de la Rescripcion des Femmes de Paris.

I.

* Quoy qu'on tiennent langaigieres. N. & G. du P.

Quoy qu'on tient belles langaigieres*,
Genevoises, Veniciennes,
Assez pour estre messaigeres (a),
Et mesmement les anciennes.
Mais soient Lombardes, Romaines,
Florentines (à mes perilz)
Pymontoises, Savoysiennes,
Il n'est bon bec que de Paris (b).

II.

* Tiennent cheres. V. N. & G. du P.
* Quoy que bonnes caquetieres. V. N. & G. du P.
* Prouvenciennes. V. N. & G. du P.
* Normandes. V. N. & G. du P.

De tres beau parler tient l'on cheres*
(Ce dit-on) Neapolitaines.
Aussi sont bonnes caquetieres*
Allemandes, & Pruciennes*.
Mais soient Grecques*, Egyptiennes,
De Hongrie, ou d'autre pays,
Espaignolles, ou Castellannes,
Il n'est bon bec que de Paris.

III.

REMARQUES.

(a) *Messaigeres.*] Messageres d'Amour.
(b) *Il n'est bon bec que de Paris.*] L'une des premieres des *Cent Nouvelles nouvelles* fait Mention de cette Qualité des Femmes de Paris. C'est la *Nouvelle* XVIII.

TESTAMENT. 149

DIVERSES LEÇONS.

III.

Brettes, Suyſſes, n'y ſçavent gueres,
Ne Gaſconnes, & Tholouzannes.
De petit pont deux harangeres
Les conchiroient, & les Lorraines,
Angleſches, ou Callaiſiennes *.
Ay je beaucoup de lieux compris,
icardes, de Valenciennes *.
Il n'eſt bon bec que de Paris.

* Angloiſes & Valenciennes.
V. N. & G. du P.
* Et Beauvoiſiennes.
V. & N.

IV.

Prince, aux Dames Pariſiennes
e bien parler donnez le pris:
uoy qu'on die d'Italiennes,
l n'eſt bon bec que de Paris.

CXXXIV.

Regarde m'en deux trois aſſiſes
Sur le bas du ply de leurs robes,
n ces monſtiers (a), en ces egliſes;
                            Tire

REMARQUES.

(a) *Monſtiers.*] Du Latin *Monaſterium*, aujourd'hui *Monaſtere*, autrefois *Monſtier*; comme ces eux Vers de la *Farce de Pathelin* le font voir:

    Il eſt en luy trop mieulx ſeant,
      Qu'un Crucifix en un Monſtier.

e Mot s'emploïoit auſſi pour dire *Egliſe*. R. d. E.

Diverses Leçons.

Tire t'en pres, & ne t'en hobes (1):
Tu trouveras, que oncques Macrobes
Ne feit de auffi beaulx jugemens.
Entens; quelque chofe en defrobes :
Ce font tous bons enfeignemens.

CXXXV.

Item, valetz & chamberieres
De bons hoftelz (rien ne me nuyft)
Faifans tartes, flans, & goyeres (2) (a),
Et grant rallias à minuict (b).
Riens n'y feront (c) fept pintes, ne huict,
Tandis que dorment maiftre & dame.
Puis apres (fans mener grant bruyt)
Je leur ramentoy le jeu d'afne.

CXXXVI.

Item, & à filles de bien,
Qui ont peres, meres, & antes (3),

Par

REMARQUES.

(1) *Et ne t'en hobes :*] & ne t'en vas pas. Et ans la *Farce de Pathelin* de même:
   Par Dieu, ains (avant) que d'ici je hobe,
   Vous me payerez. Ad. d. l'E.

(2) *Goyeres.*] Sortes de Tartes. Borel.

(a) *Goyeres.*] Il femble que ce Mot vienne de *Gogue*, qu'Oudin dit être une Sorte de Patifferie.

(b) *Rallias à minuict.*] C'eft proprement ce Repas de Chambrieres, que Rabelais, Livre IV, Chapitre XLVI, appelle *regoubillonner*, & qui eft compofé des *Reliefs* de la Table du Maître. Voïez la Note 5 fur le Chapitre XXX du III Livre.

(c) *Riens n'y feront.*] C'eft-à-dire, ne fuffiront, elles ne s'en tiendront pas à fept pintes, ne huict, où *ne huict*, n'eft qu'une Sillabe, pour rimer à minuict. R. d. l'E.

(3) *Antes.*] Tantes.

Par m'ame je ne donne rien;
Car j'ay tout donné aux servantes.
Si fussent-ilz de pou contentes,
Grant bien leur feissent maintz lopins,
Aux povres filles advenantes,
Qui se perdent aux Jacopins.

CXXXVII.

Aux Celestins & aux Chartreux,
Quoy que vie meinent estroicte,
Si ont ilz largement entre eulx,
Dont povres filles ont disette;
Tesmoing Jaqueline, & Perrette,
Et Ysabeau qui dit, enné (a) (*a*):
Puis qu'ilz ont telle souffrete (*b*),
A peine en seroit on damné.

CXXXVIII.

ITEM, à la grosse Margot,
Tres doulce face & pourtraicture,

Foy

REMARQUES.

(a) *Enné*] est un Juron de Filles.
(*a*) *Enné.*] Ou *par m'ame*, Juron de Filles, qui évitent de trancher le Mot. Voïez la Note 6 sur l'*Epitre Liminaire* du IV Livre de Rabelais. Souvent Marot équivoque de la Lettre N à *Anne*, qui étoit le Nom de sa Maîtresse.
(*b*) *Puis qu'ils ont telle Souffrete.*] Lisez:

Puis qu'ils en ont telle Souffrette,

afin de rectifier le Vers. R. d. l'E.

LE GRAND

DIVERSES LEÇONS.

Foy que doy Brelare Bigod (a) (4);
Aſſez devote creature.
Je l'ayme de propre nature,
Et elle moy, la doulce ſade (1).
Qui la trouvera d'adventure,
Que on luy liſe ceſte Ballade.

REMARQUES.

(a) *Brelare Bigod.*] En Anglois, *Dieu & Noſtre-Dame*. Et appert icy, que, du Temps de VILLON, reſtoit encore à Paris quelque Mot des Anglois, qui avoient paſſé par-là.

(a) *Brelare Bigod.*] Si, comme l'a crû Marot, c'eſt ici de l'Anglois, ce ſera une Corruption de *Bi'r Lady, Bi God*, c'eſt-à-dire, *Par Nôtre-Dame, Par Dieu*. Pour moi, j'aurois pris ces prétendus Mots Anglois, pour le *Frelore Bigot*, ou *by Goth*, des Allemands, ſur lequel a été faite la Note 14 ſur le Chapitre XVIII du IV Livre de Rabelais.

(1) *Sade;*] Mignone.

XV. BAL-

TESTAMENT. 153

XV. BALLADE.

I.

SI je ayme & fers la belle de bon haict (1),
M'en devez vous tenir à vil, ne fot?
Elle a en foy des biens a fin * fouhaict.
Pour fon amour, ceings bouclier (a), &
passot (b).

*Son. V. & N.
* Pour elle feings le bouclier & passot. V. & N.

Quant

REMARQUES.

(1) *Bon haict.*] Bon Gré.

(a) *Bouclier.*] Je prens ici *Bouclier* pour une *Ceinture*, où pendent à plusieurs *Boucles* les Outils portatifs les plus nécessaires à un Econome d'Hôtellerie. Ces *Ceintures* sont encore en usage dans toute l'Allemagne. *Bouclier* doit donc être ici un Ceinturon fermant à *Boucles.*

(b) *Bouclier & Passot.*] Voici divers Passages curieux à ce Sujet. *Item, Ceux, qui porteroient Lances, doivent avoir Salades à Visières, & Gantelets, & Espée de Passot, moyennement longue, roide, & bien tranchant.* Mémoire présenté au Roi Louïs XI, par le Bailli de Mante, touchant l'Habillement & l'Armure du Franc-Archer en 1448. *Histoire de la Milice Françoise* du P. Daniel, page 176 d'Edition d'Amsterdam en 1724. Si ce *Mémoire du Bailli de Mante* a été effectivement *présenté au Roi en 1448*, ç'à été à *Charles VII,* & non point à *Louïs XI:* & c'est ce qu'auroient dû remarquer le P. Daniel, & Mr. le Duchat. *Ad. d. l'E.*

Là-même, Article suivant. *Item, les Archers auront les Salades sans Visières, Arcs & Trousses, & Espées de Passot, assez longuettes, roides, & tranchant, qui s'appellent Espées bastardes: & si veulent porter les Boucliers, il n'y aura point de mal.* Ainsi, Villon ici, pour aller chercher du Vin à ses Hôtes, s'équippoit

K 5

Quant viennent gens, je vous happe le pot,
Au vin m'envoys (a), sans demener grand
   bruyt :
Je leurs tendz (a) eau, frommage, pain,
   & fruict.
S'ilz payent bien, je leur dy que bien
   ſtat (b) :
Retournez cy, quant vous ſerez en ruyt (1),
En ce bourdel, ou tenons noſtre eſtat.

II.

Mais toſt apres, il y a grant deshait (2),
   Quant ſans argent s'en vient coucher
      Margot :

Veoir

REMARQUES.

quippoit en vrai *Franc-Archer*, avec le *Bouclier* &
le *Paſſot*.

Et Article ſuivant. *Et auront Eſpées de Paſſot,
non pas trop longues, roides, & tranchant : &, que la
Ceinture hauſſe l'Eſpée par derriere, afin qu'elle ne
touche à terre de beaucoup.*

(a) *M'envoys.*] Liſez : *m'en voys*, c'eſt-à-dire,
je m'en vas, ou *je m'en cours*. R. d. l'E.

(a) *Je leurs tendz.*] Je leur préſente.

(b) *Bien ſtat :*] que tout eſt bien, & eſt tiré de
l'Italien.

(1) *Ruyt.*] Ce Mot ſe dit des Bêtes fauves, quand
elles ſont en Chaleur. On prononce aujourd'hui
Rut; mais, on a dit *Ruit* aſſez tard ; témoins ces
Vers citez par Ménage :

Bailler aux Dames le Déduit,
Fermé comme un Sanglier en Ruit.

Ad. d. l'E.

(2) *Grant Deſhait.*] Grande Peine, grand Chagrin, grand Débat.

TESTAMENT. 155

Veoir ne la puis, mon cueur à mort la hait.
Sa robe prens, demy ceinct *, & surcot (a);
Si luy prometz, qu'ilz tiendront pour l'es-
cot.
Par les costez si se prend, l'Antechrist
Crie, & jure par la mort Jesuchrist,
Que non fera (b). Lors j'enpongne ung
esclat:
Dessus le nez luy en fais ung escript,
En ce bourdel, ou tenons nostre estat.

DIVERSES LEÇONS.
* Chappe-
ron. V. &
N.

III.

Puis paix se faict, & me lasche ung
gros pet,
Plus enflée * qu'ung venimeux scarbot *.
Riant m'assiet le poing sur le sommet (a):
Gogo me dit (a), & me fiert * le jam-
bot (b).
Tous

* Plus en-
flambé. V.
& N.
* Escarbot:
V. & N.
* Fait. V.
& N.

REMARQUES.

(a) *Surcot*.] Sorte de Vetement de Femmes, répondant au *Surtout* des Hommes. Borel écrit *Ser-
cot*, & le définit assez bizarrement, tantôt *Fourreau pour conserver les Cottes*, & tantôt *Chemisette*.
R. d. l'E.

(b) *Fera*.] Ou plûtôt, *sera*. R. d. l'E.

(a) *Le sommet*.] Le Hault de la Teste.

(a) *Gogo me dit :*] Ou plûtôt *rit*, vû que rien
ne suit ce premier Mot. Gogo, Terme de Mignardi-
se, pour *Margot*; comme *Margot* l'est pour *Margue-
rite*. R. d. l'E.

(b) *Me fiert le Jambot*.] C'est-à-dire, *me fait la
Jambette*. Les Editions de Marot lisent *fiert* : mais,
je lis *fait*, avec celles de Verard & de Niverd; parce qu'il me semble, que cette Leçon fait un meilleur Sens.

DIVERSES LEÇONS.

* Enſem-
ble. V. & N.

Tous deux * yvres dormons comme ung ſabot:
Et, au reſveil, quant le ventre luy bruyt,
Monte ſur moy, quel' ne gaſte ſon fruict.
Soubz elle geins (*a*): plus qu'ung aiz me faict plat;
De paillarder tout elle me deſtruict,
En ce bourdel, ou tenons noſtre eſtat.

IV.

VENTE, greſle, gelle, j'ay mon pain cuict.
Je ſuis paillard, la paillarde me duit:
L'ung vault l'autre, ceſt à mau-chat mau-rat *.
Ordure avons, & ordure nous ſuyt:
Nous deffuyons honneur, & il nous fuyt,
En ce bourdel, ou tenons noſtre eſtat.

* *Je ſuis paillard, la paillarde me ſuit, ordure nous arruit: l'un vault l'autre, c'eſt à mau-chat mau-rat.*
V. & N.

CXXXIX.

ITEM, à Marion l'Ydolle (*b*),
† Et la grant Jehanne de Bretaigne,
Donne tenir publique eſcolle
Ou l'eſcolier le maiſtre enſeigne.
Lieu n'eſt ou ce marché * ne tienne,

* *Marchié.*
V.

Si

REMARQUES.

(*a*) *Geins.*] Je gémis. *Geindre*, de *Gemere*.
(*b*) *Marion l'Ydolle;*] ou bien *l'Idolle*, comme ci-deſſous Huitain CXLIII. R. d. l'E.

Si non en la grille de Mehun (a) (b):
Dequoy je dy, fy de l'enseigne,
Puis que l'ouvrage est si commun.

DIVERSES LEÇONS.

CXL.

ITEM, à Noé le Jolys
Autre chose je ne luy donne;
Fors plein poing d'osiers frez cueilliz (c)
En mon jardin; je l'abandonne.
(Chastoy (a) (1) est une belle aulmosne *,
Ame n'en doit estre marry.)
Unze vingtz coups luy en ordonne,
Par les mains de maistre Henry (d).

* Charité est, & belle aumosne. V.

CXLI.

REMARQUES.

(a) *La Grille de Mehun.*] La Prison où Villon fut mis.

(b) *Mehun.*] C'est-à-dire, *Meun sur Loire*, Ville du Diocese d'Orléans, dont étoit Evêque Thibaut d'Aussigni. Voïez ci-dessus le Huitain I, Remarque (a).

(c) *D'Osiers frez cueilliz.*] Ou *de Verges fraichement cueillies*, pour le bien chatier, comme on va voir. R. d. l'E.

(a) *Chastoy.*] Chastiement.

(1) *Chastoy.*] C'est-à-dire *Chatiment*. La *Coutume de Lorraine*, Tit. IV, Article VIII: *Tous ceux generalement, qui d'Autorité privée s'ingerent à l'Administration des Biens des Pupilles, sont muleêlables d'Amende arbitraire, & obligés d'en rendre Compte, leurs Biens demeurans affeêlez à la Satisfaêlion; &, à faute de Moyens, sujets à Chastois corporels, à l'Arbitrage du Juge.*

(d) *Maistre Henry:*] sçavoir, *Henri Cousin*, Bourreau de Paris. Voïez la *Chronique Scandaleuse*, sous l'Année 1460.

DIVERSES LEÇONS.

CXLI.

Item, ne sçay qu'a l'Hostel Dieu
Donner, n'aux povres Hospitaulx.
Bourdes n'ont icy temps, ne lieu (*b*);
Car povres gens ont assez maulx.
Chascun leur envoye leurs aulx.
Les mandians ont eu mon oye:
Au fort ilz en auront les os,
A povres gens menue (*c*) monnoye.

CXLII.

Item, je donne à mon barbier,
Qui se nomme Colin Galerne,

Pres-

REMARQUES.

(*b*) *Bourdes n'ont icy temps, ne lieu.*] Il n'est point ici question de rire, ni de plaisanter. Outre cette Signification de *Railleries* & de *Badinages*, ce Mot de *Bourdes* signifie encore *Impostures*, & *Crosses* ou *Potences* pour soutenir les Boiteux: & cette double Signification a donné lieu à la Plaisanterie suivante de d'Aubigné dans ses *Avantures du Baron de Faneste* sur les prétendus Miracles de Notre-Dame des Ardilliers en Anjou.

Si vous ouvrez encor les Yeux,
Si vos Oreilles ne sont sourdes,
Tant de Bourdes *de ces Boiteux,*
Qu'en dites-vous? Ce sont des Bourdes.
Ad. d. l'E.

(*c*) *Menue.*] Lisez *menu'*, pour la Mesure du Vers. *R. d. l'E.*

TESTAMENT. 159

Pres voysin (a) d'Angelot l'herbier,   DIVERSES
Ung gros glasson. Prins ou? En Marne. LEÇONS.
Affin qu'a son ayse se yverne,
De l'estomach le tienne pres.
Se l'yver ainsi se gouverne,
Trop n'aura chault l'esté d'apres.

CXLIII.

ITEM, rien aux enfans trouvez :
Mais les perduz fault que console,
Qui doivent estre * retrouvez   * Si doivent
Par droict chez Marion l'Idolle.   estre. V.
Une leçon de mon escole   Mais doi-
Leur liray, qui ne dure guiere.   vent estre.
Teste n'ayent dure, ne folle ;   N.
Mais escoutent : c'est la derniere.

REMARQUES.
(a) Pres voysin :] prochain voisin.

XVI. BEL.

DIVERSES
LEÇONS.

BELLE LEÇON

de Villon aux Enfans perduz.

I.

Beaux enfans, vous perdez la plus
Belle rose de vo chappeau,
Mes cleres (*a*) pres prenans comme glu (*b*).
Se vous allez à Montpippeau *,
Ou à Rueil (*c*), gardez la peau;
Car, pour s'esbatre en ces deux lieux,
(Cuidant que vaulsist le rappeau (a),)
La perdit Colin de Cayeulx (*d*).

* *Mon pi-*
peau, en
deux mots.
V. & N.

II.

Ce n'est point ung jeu de trois mailles,
Ou va corps, & (peut estre) l'ame.

Se

REMARQUES.

(*a*) *Cleres.*] Lisez *cleres*, sans quoi le Vers surabonderoit. R. d. l'E.

(*b*) *Pres prenans comme Glu.*] Vous, mes bons Disciples, dont les Mains accrochent tout ce qu'elles touchent.

(*c*) *Rueil:*] ou mieux *Ruël*. Voïez ci-dessous la II Ballade du *Jargon*, Huitain I. R. d. l'E.

(*a*) *Cuidant que vaulsist le Rappeau.*] Cuydant tousjours se saulver, pour en appeller.

(*d*) *Colin de Cayeulx:*] ou *Colin l'Escallier*, Camarade de Débauche & de Filouterie de Villon, qui fut enfin pendu. Voïez ci-dessous la II Ballade du *Jargon*, Huitain I. R. d. l'E.

Se on perd, rien n'y font repentailles, DIVERSES
Qu'on ne meure à honte & diffame: LEÇONS.
Et qui gaigne n'a pas à femme
Dido la royne de Cartage.
L'homme est donc bien fol & infame,
Qui pour si pou couche tel gage.

III.

Qu'UNG chascun encore m'escoute.
On dit (& il est verité,)
Que charretiere se boyt toute (a),
Au feu l'yver, au boys l'esté.
Se argent avez, il n'est enté (1),
Mais le despendez tost & viste.
Qui en voyez vous herité?
Jamais mal acquest ne proffite.

REMARQUES.

(a) *Charretiere se boyt toute.*] Quelque Vin que l'on charroye, (soit bon, soit mauvais,) se boyt tout.

(1) *Il n'est enté.*] C'est-à-dire, il n'est pas employé en fond, il n'est pas enfouï, & vous l'avez encore.

DIVERSES LEÇONS.

XVII. BALLADE,

de bonne Doctrine à ceulx de mauvaise Vie.

I.

* *Hasardeur.* V. & G. du P.

CAR or soyes (a) porteur de Bulles,
Pipeur ou hezardeur * de dez (*a*);
Tailleur de faulx coings, tu te brusles,
Comme ceulx qui sont eschaudez (1),
Tra-

REMARQUES.

(a) *Or soyes:*] Ores que tu soyes.

(*a*) *Hézardeur de Dez.*] L'Action de *hézarder*, comme on parloit au Tems de Villon, semble devoir être le Propre de ceux, *qui ex aridis Lucrum quarunt :* & je ne sçai si Rabelais n'auroit point visé à cette Etymologie, lors que, Livre V, Chapitre X, parlant de l'Ile de *Cassade*, qu'à cet Egard il compare à Fontainebleau, il dit, que la Terre en est si maigre, que les Os lui percent la Peau ; &, qu'entre autres, il y a deux petits Rochers quarrez, à huit Pointes égales en Cube, contre lesquels une infinité de Gens ont fait Naufrage. Rien, en effet, de plus *aride*, que les Dez : & on convient, que les Jeux de Hazard, dont cette Ile est le Séjour, sont proprement les Jeux de Dez. *Hézarder*, d'*exaridare*, est d'ailleurs une Etymologie fort naturelle

(1) *Eschaudez.*] C'étoit la Peine des faux Monoyeurs, dont on void des Restes dans l'Article prémier de la *Coutume du Loudunois*, au Titre *des Crimes*, qui porte, que *qui fait ou forge fausse Monoye doit estre traisné, bouilli, & pendu*.

TESTAMENT. 163
Trahiſtres pervers, de foy vuydez ;   Diverses
Soyes larron, ravis (1) ou pilles (2) (a) :   Leçons.
Ou en va l'acqueſt que cuydez?
Tout aux tavernes & aux filles.

II.

Ryme, raille ; cymballe (b), luttes,
Hante tous * autres eshontez ;   * Dont
Farce, broille, jouë des fluſtes,   font tous.
Fainctes, jeux, & moralitez (3),   V. & N.
Faictz en villes & en citez :
Gaigne au berlan, au glic (4), aux quilles:
Ou s'en va tout? Or eſcoutez :
Tout aux tavernes & aux filles.

III.

De telz ordures te recullies :
Laboure, fauche, champs & prez ;
Sers, & penſe chevaulx, & mulles,
                                                    S'au-

REMARQUES.

(1) *Ravis:*] Raviſſeurs, ou Voleurs.
(2) *Pilles:*] Pillars.
(a) Ces deux dernieres Notes donnent un faux Sens à ces deux Mots *ravis & pilles*, qui ne ſont point des Subſtantifs, mais les Impératifs des Verbes *ravir & piller*, comme l'a très bien obſervé l'Auteur de la *Lettre Critique ſur l'Edition de Villon de 1723*, Mercure de France, *Février* 1724, pag. 191. R. d. l'E.

(b) *Cymballe.*] De *cymballer*, Mot ancien, qui ne ſe trouve point en ce Sens dans nos *Dictionaires* de vieux Termes, & qui ſignifie probablement ici, *Fai grand Bruit.* R. d. l'E.

(3) *Moralitez.*] Il parle des *Comédies de la Paſſion*, qui étoient fort en vogue de ſon Tems.

(4) *Glic.*] Coquillart parle de ce Jeu. Voïez les *Notes ſur Rabelais*, Livre I, Chap. XXII, page 139, n. 17.

DIVERSES S'aucunement tu n'es lettrez:
LEÇONS. Assez auras, si prens en grez.
　　　　Mais, si chanvre broyes, ou tilles (1)(a),
*Tends.　Ne mectz * ton labour, qu'as ouvrez,
V. tends. G. Tout aux tavernes & aux filles.
du P. & N.

IV.

CHAUSSES, pourpoinctz, & bourre-
　　letz (b),
Robes, & toutes voz drapilles (c),
(Ains que cessez (d),) vous porterez
Tout aux tavernes & aux filles.

CXLIV.

REMARQUES.

(1) *Tilles.*] Tiller du Chamvre : c'est tirer en broyant, *vellere à suâ festucâ*.

(a) *Chanvre broyes ou tilles.*] On *broye* avec un Instrument, de Bois seulement dans des Païs, garni de Fer dans d'autres. On *tille* avec les Doigts, ou avec un petit Bâton, pour soulager les Doigts. CE Mot de *tilles* vient de *Tilia*, c'est-à-dire, *Tilleul*, Arbre qui a, comme le Chanvre, une Ecorce filasseuse. *Ad* d. *l'*E

(b) *Bourreletz.*] Habillement de Tête, nommé aussi *Chapperon*. Voïez ci-dessus le XXXIX Huitain, Remarque (a).

(c) *Toutes vos Drapilles.*] Apparemment, *tous vos Habillemens de Drap*. Ce Mot ne se trouve point dans nos *Dictionaires* de vieux Termes. R. d. l'E.

(d) *Ains que cessez.*] C'est-à-dire, *A moins que vous ne cessiés* de vivre dans le Desordre. Je n'ai point vû ailleurs *ains*, pris ainsi pour *à moins que*, ou *si*. R. d. l'E.

CXLIV.

† A vous parle, compaings de galles (*a*)
Mal des ames, & bien des corps.
Gardez-vous bien de ce mau hasles (a),
Qui noircist gens quant ilz sont mortz (*b*).
Eschevez le (b), c'est mauvais mord:
Passez vous en mieulx que pourrez;
Et pour Dieu soyez tous recors,
Qu'une fois viendra que mourrez.

CXLV.

Item, je donne aux quinze vingtz (*c*)
(Que autant vauldroit nommer trois cens)
De

REMARQUES.

(*a*) *Compaings de Galles.*] Comme *galler* signifie *se donner du bon Tems, mener grande Joie*, & que *Galle* signifie *Réjouissance*, ici *Compaings de Galles* doit s'entendre des *Compagnons de Débauche* de VILLON. R. d l'E.

(a) *De ce mau hasles.*] De ce mauvais hasle.

(b) *Eschevez le:*] Evitez le.

(*b*) *Quant ils sont mortz.*] C'est-à-dire, quand ils sont pendus, & exposez à l'Air, ou au *mau Hasles*, qui les noircit. R. d. l'E.

(*c*) *Quinze vingtz.*] Hopital de Paris, ainsi nommé, & fondé par St. Louïs, pour l'Entretien de *quinze vingtz* ou *trois cens* Aveugles. Rutebeuf, vieux Poëte François, semble avoir été d'aussi mauvaise Humeur contre cette sage Institution, que la Comtesse de la Fayette contre celle de St. Cyr.

Li Rois, dit-il, *a mis en un Repaire,*
Mes je ne spay pas pourquoy faire,
Trois cens Aveugles tote à rote.

Borel a bien enregitré ces derniers Mots, mais sans les expliquer. R. d. l'E.

De Paris (non pas de Provins,
Car à eulx tenu ne me sens.)
Ilz auront (& je m'y consens)
(Sans l'estuy) mes grandes lunettes * (1),
Pour mettre à part, aux Innocens (a),
Les gens de bien, des deshonnestes.

Diverses Leçons.

* *Sans les étuis mes grand' lunettes. V.*

CXLVI.

Icy n'y a, ne rys, ne jeu.
Que leur vault avoir eu chevances (a),
N'en grans lictz de paremens geu (2),
N'engloutir vin en grasses panses,
Mener joye, festes, & danses,
Et de ce prest (b) estre à toute heure?
Tantost faillent telles plaisances,
Et la coulpe si en demeure.

CXLVII.

REMARQUES.

(1) *Mes grandes Lunettes.*] Ainsi, l'Invention des Lunettes est ancienne. Il en est parlé dans un Acte du Parlement du Vendredy 19 Novembre, où Nicolas de Baye, Sieur du Gié, fut élu Greffier. Cet Acte est rapporté par Ménage, dans ses *Aménitez du Droit*, Chapitre XXVIII. Rabelais en parle dans son *Pantagruel*, Livre II, Chapitre VII, page 60. Voïez la Note en cet Endroit, & Ménage dans son *Dictionaire Etymologique*.

(a) *Aux Innocens.*] Au Cymetiere de Sainct Innocent: L'UN des grands de Paris, sur-tout alors; & dont, par cette Raison, VILLON va donner les Morts pour Exemples. *Ad. d. l'E.*

(a) *Chevances.*] Abondance de Biens. *R. d. l'E.*

(2) *Geu,*] Couché. c'est-à-dire, Que leur vault d'avoir *couché* dans de beaux Lits? *Geu* vient de *gésir*. Voïez le Chapitre LXXXVII du prémier Livre des *Etablissemens de St. Louis*.

(b) *Et de ce prest, &c.*] Prest à mourir; ou plûtôt, *prest à mener joye, festes, & danses*, selon l'Auteur de la *Lettre Critique sur l'Edition de Villon de 1723*, Mercure de France, Février 1724, pag. 194. *Ad. d. l'E.*

TESTAMENT.

DIVERSES LEÇONS.

CXLVII.

QUANT je confidere ces teftes,
Entaffées en ces charniers (1) (*a*):
Tous furent maiftres des requeftes,
Au moins * de la chambre aux deniers;
Ou tous furent porte-paniers *.
Autant puis l'ung que l'autre dire;
Car d'evefques, ou lanterniers,
Je n'y congnois rien à redire.

* *Ou tout.* V. N.
* *Pane-tiers.* V. N. *&* G. du P.

CXLVIII.

ET icelles (*a*) qui s'enclinoient
Unes contre autres en leurs vies,
Desquelles les unes regnoient
Des autres craintes & fervies,
Là les voy toutes affouvies (*b*)
Enfemble en ung tas pefle mefle.
Seigneuries leur font ravies:
Clerc ne Maiftre ne s'y appelle.

CXLIX.

REMARQUES.

(1) *Charnier.*] C'eft le Lieu où l'on enterre, *Carnarium.*

(*a*) *Charniers.*] Bâtimens placés ordinairement autour des Cimetieres, fous la Couverture defquels on range, à l'Abri des Injures du Tems, les Os qu'on déterre, lorfque l'on fait les Foffes nouvelles.

(*a*) *Et icelles.*] Faut entendre icelles Teftes.

(*b*) *Affouvies.*] Apparemment *entaffées,* ou peut-être *ne fouhaitant plus rien.* Nos vieux *Dictionaires* n'expliquent point ce Mot ainfi emploïé. *R. d. l'E.*

CXLIX.

Or sont ilz mortz, Dieu ayt leurs ames,
Quant est des corps, ilz sont pourriz *.
Ayent esté seigneurs, ou dames,
Souef (a) & tendrement nourriz
De cresme, fromentée (b), ou riz :
Leurs os sont declinez en pouldre *,
Ausquelz ne chault d'esbatz ne riz.
Plaise au doulx Jesus les absouldre.

CL *.

Aux trespassez je fais ce lays,
Et icelluy je communique
A regentz, courtz, sieges, & plaids,
Hayneurs d'avarice l'inique ;
Lesquelz. pour la chose publique,
Cerchent bien les os & les corps (a).
De Dieu, & de sainct Dominique (d),
Soient absolz quant ilz seront mortz.

CLI.

marginal notes:
* Quant est des corps ilz sont fourniz. V. Autant de nous ilz sont bien fournis. N. & G. du P.
* Et les os declinent en pouldre. V. & N.
* Ce Huitain n'est pas dans les anciennes Editions (c).

REMARQUES.

(a) *Souëf.*] Adjectif pour Adverbe: c'est-à-dire, doucement, délicatement. R. d. l'E.

(b) *Fromentée.*] Sorte d'Emulsion, qui se faisoit avec du *Froment* bouilli. Voïez la Note 11 sur le Chapitre LX du IV Livre de Rabelais.

(c) Il se trouve dans l'Edition des *l'Angeliers Freres*.

(a) Dès-lors desterroit-on les Corps, pour en faire Justice.

(d) *St. Dominique.*] Ce Saint se trouve apparemment-là, à cause que son Inquisition persécute les Morts, aussi-bien que les Vivans. Peut-être aussi n'y est-il simplement que pour la Rime. R. d. l'E.

CLI.

Item, rien à Jaques Cardon (a),
Car je n'ay rien pour luy honneste:
Non pas qu'il gette à l'abandon
Pour la belle bergeronnette,
S'elle eust le chant marionnette
Faict par Marion Peautarde;
Ou de, Ouvrez voftre huys Guillemette,
Elle allaft bien à la mouftarde (b).

CLII.

Item, donne aux amans enfermes
(a) (1),
Sans le lay maiftre Alain Chartier * (c),
A leurs chevetz, de pleurs & lermes
Treftout fin plain ung benoiftier;
Et ung petit brin d'efglantier (2) (d),

* Outre maiftre Alain Chartier. V. N. & G. du P.

En

REMARQUES.

(a) *Jaques Cardon.*] Voïez ci-deffus le Huitain XI du *petit Teftament*. R. d. l'E.

(b) *Chant Marionette, &c.*] Vieilles Chanfons de ce Siecle-là. R. d. l'E.

(a) *Enfermes:*] Malades.

(1) *Amans enfermes:*] Malades d'Efprit, fols, amentes.

(c) *Le Lay Maiftre Alain Chartier.*] Son *Lay de Plaifance*, imprimé parmi fes *Oeuvres*, page 537 de l'Edition de Paris, en 1617.

(2) *Efglantier.*] Efpece de Rofier.

(d) *Efglantier.*] Rofier fauvage. Son Fruit eft le Grate-cul: et c'eft de fa Fleur, quoiqu'affez chétive, qu'eft venu le Proverbe, *Il n'y a point de fi belle Rofe, qui ne devienne Grate-cul.* Ad. d. l'E.

DIVERSES LEÇONS. En tout temps verd, pour gouppillon;
Pourveu qu'ilz diront ung *Pſaultier*
Pour l'ame du pouvre Villon.

CLIII.

ITEM, à maiſtre Jaques James,
Qui ſe tue d'amaſſer biens,
Donne fiancer tant de femmes
Qu'il voudra, mais d'eſpouſer, riens (*a*).
Pour qui amaſſe-il? Pour les ſiens?
Il ne plainct fors que ſes morceaulx.
Ce qui fut aux truyes, je tiens
Qu'il doit de droit eſtre aux pourceaulx.

CLIV.

ITEM ſera le ſeneſchal (*b*),
(Qui une fois paya mes debtes,)
En recompenſe, mareſchal

Pour

REMARQUES.

(*a*) *Riens.*] Ce Mot eſt pris ici pour *nullement.* Il ſe prend auſſi quelque-fois en un Sens tout oppoſé à ſa vraie Signification, c'eſt-à-dire, pour quelque *choſe*; témoin ce Trait du *Teſtament* de Jehan de Meung:

Sur toutes riens, gardez ces Points,
A donner aïés les clos Poings,
Et à prendre les Mains ouvertes;

&, alors, il vient de *res.* R. d. l'E.

(*b*) *Seneſchal.*] Mot, qui s'eſt autrefois mis à toutes Sauſſes, comme on le peut voir dans les trois différens Articles, qu'en a compilé Borel; & comme il paroit par l'Emploi qu'en fait ici Villon. Il n'y a pas juſqu'au traitre Judas, que le *Roman de Merlin* n'ait qualifié de *Seneſchaux des Diſciples.* R. d. l'E.

TESTAMENT. 171

Pour ferrer oes & canettes (*a*).
Je luy envoye ces fornettes (a) (*b*)
Pour foy defennuyer: combien (b),
S'il veult face en des alumettes.
De bien chanter s'ennuye on bien.

CLV.

Item, au Chevalier du Guet

Je

REMARQUES.

(*a*) *Ferrer Oës & Canettes.*] Le Proverbe, *Ferrer les Cigales*, comme on dit auſſi, fait encore mieux ſentir le Ridicule d'une Occupation. Dans le Livre intitulé *Menſa Philoſophica*, Livre IV, Chapitre XLII, on lit: *Quidam volens oſtendere inutiles Occupationes Beginarum, fecit Circulum, in quo erat depictum, quomodo tres Beginæ unum Anſerem ſufferrabant. Una tenuit Pedem, alia applicuit Ferrum, tertia cum Malleo Ferrum affixit. In Circuitu autem Circuli ſcriptum erat: Sicut hæ tres Beginæ de ſufferrandis Anſeribus ſe intromittunt, ſic faciunt reliquæ.*

(a) *Ces fornettes.*] Ce préſent Livre.

(*b*) *Je luy envoye ces fornettes.*] Ménage croit que *Sornette* pourroit bien venir d'*Abſurdum*; mais, n'en déplaiſe à ce ſavant Homme, peu s'en faut que je ne traite d'*abſurde* ſa Conjecture. *Sornettes*, ce ſont proprement de ces Contes, qui ſe font entre Gens qui paſſent enſemble les *Soirées*. D'où vient que Guillaume Bouchet a intitulé *Sérées* un gros Recueil qu'il a publié de cette ſorte de Contes. *Sorne*, de *Serotinum*, eſt dans le vieux Langage ce que nous appellons *le Soir*; & c'eſt de *Sorne*, que vient *Sornette*, dans la Signification d'un Diſcours qui n'eſt bon à faire qu'entre Gens qui ont deſtiné la *Soirée* à ſe divertir enſemble. Villon qualifie de *Sornettes* ſes Poëſies, & par Modeſtie, & parce que le plus ſouvent le Sujet n'en eſt rien moins que ſérieux.

(b) *Combien.*] Toutesfois.

DIVERSES Je donne deux beaulx petiz pages,
LEÇONS. Philippot, & le gros Marquet,
Qui ont fervy (dont font plus fages *)
* Les quels (La plus partie de leurs aages)
fervi ont des Triſtan Prevoſt des Marefchaulx (1).
plus fages. Helas ! s'ilz font caſſez de gaiges,
N. Aller leur fauldra tous defchaulx.

CLVI.

ITEM, au Chappelain je laiſſe
Ma chappelle à ſimple tonſure,
Chargée d'une ſeiche meſſe (2),
Ou il ne fault pas grand' lecture.
Refigné luy euſſe ma cure ;
Mais point ne veult de charge de ames :
* De con- De confeſſer (ce dit) n'a cure *,
feſſer certes Sinon chambrieres, & dames.
n'a cure.
V. & N.

CLVII.

* C'eſt. POUR ce que ſçait * bien mon entente,
V. & N. Jehan de Calays, honnorable homme,
Qui ne me veit des ans a trente,
Et ne ſçait comment je me nomme ;
De tout ce TESTAMENT en ſomme,
(S'aucune y a difficulté)
Oſter juſqu'au rez d'une pomme (a),

Je

REMARQUES.

(1) *Triſtan.*] Favori de Louïs Onze.
(2) *Seiche Meſſe.*] Sans Rétribution, ni Offrande.
(*a*) *Oſter juſqu'au Rez d'une Pomme.*] De n'y rien laiſſer, juſqu'à ce qu'il ſoit comme une Pomme, qu'on ne ſauroit *rafer*, non plus que tondre ſur un Oeuf.

Je luy en donne faculté.

CLVIII.

De le gloser & commenter,
De le diffinir ou prescripre *,
Diminuer ou augmenter,
De le canceller ou transcripre
 e sa main (ne sceust il escripre,)
Interpreter & donner sens,
A son plaisir, meilleur, ou pire,
De poinct en poinct je m'y consens.

Diverses Leçons.

* *Et le deffinir & rescripre.*
V.

CLIX.

Et s'aucun, dont n'ay congnoissance,
Estoit allé de mort à vie,
Au dict Calays donne puissance *
(Affin que l'ordre soit suivie * (a),
Et mon ordonnance assouvie (b),)
Que ceste aulmosne ailleurs transporte,
Sans se l'appliquer par envie.
A son ame je m'en rapporte.

* *Je vueil & luy donne puissance.*
V. & N.
* *Finie.*
V. & N.

CLX.

REMARQUES.

(a) *Que l'Ordre soit suivie*] Le Mot *Ordre* étoit anciennement féminin, même en parlant des Ordres Religieux. La *Passion à Personnages*, au Feuillet 144, dit:

Qui voudroit fonder ung Convent,
Voicy, Freres de la grant Ordre, &c.

(b) *Assouvie.*] C'est-à-dire, *remplie, accomplie*: Signification bien différente de celle de ci-dessus Huitain CXLVIII, Note (b). R. d. l'E.

CLX.

Item, j'ordonne à Saincte Avoye (a)
(Et non ailleurs) ma sepulture :
Et, affin que chafcun me voye,
Non pas en chair, mais en paincture,
Que l'on tire ma pourtraicture
D'ancre, s'il ne couftoit trop cher.
De tumbel (a), rien, je n'en ay cure ;
Car il gréveroit le plancher.

CLXI.

Item, vueil que autour de ma foffe
Ce que s'enfuyt (fans autre hiftoire)
Soit efcript en lettre affez groffe.
Et qui n'auroit point d'efcriptoire,
De charbon foit, ou pierre noire *,
Sans en rien entamer le plaftre.
Au moins fera de moy memoire,
Telle qu'il eft * d'ung bon follaftre.

*Ou de pierre noire. V. & N.

* Telle qu'elle eft. V. & N.

CLXII.

„ Cy gift, & dort en ce follier (1) (b),
„ Qu'A-

REMARQUES.

(a) La Chapelle Saincte Avoye étoit lors, & de noftre Temps, eflevée d'ung Eftaige.
(a) *Tumbel.*] Probablement pour *Tombeau.* Nos Dictionaires d'anciens Mots ne notent point celui-là. R. d. l'E.
(1) *Sollier.*] Lieu. Nicod fait venir ce Mot de *Solarium.* Et Borel dit, *que ce Mot dénote un Lieu haut, vû du Soleil, & que poffible il vient de-là.* Ad. de l'E.
(b) *Sollier.*] Plancher foutenu fur des *Solives.*

TESTAMENT. 175

,, Qu'Amour occist de son raillon (1), DIVERSES
,, Ung pouvre petit escollier, LEÇONS.
,, Jadis nommé FRANÇOIS VILLON.
,, Oncques de terre n'eut sillon:
,, Il donna tout, chascun le sçet,
,, Table, tretteaulx *, pain, corbillon. *Tableaux.
,, Gallans *, dictes en ce verset. Bernier
                                                                    Ad d. l'E.
                                                                   * Au
               REMARQUES. moins.
                                                                   V. & N.

(1) *Raillon:*] Flêche, Dard.

XVIII. RON-

XVIII. RONDEAU.

I.

Lumiere & clarté perpetuelle. V. & N.

Rée. V. & N.

REPOS eternel donne à cil (a),
Sire, clarté perpetuelle *,
Qui vaillant plat ny escuelle
N'eut oncques, n'ung brin de percil:
Il fut rez, chef, barbe, & sourcil,
Comme ung navet qu'on racle *.& pelle.
    Repos, &c.

II.

Traifnit. Bernier. *Ad. d. l'E.*

RIGUEUR le transmist * en exil,
Et luy frappa au cul la pelle,
Nonobstant qu'il dist, J'en appelle,
Qui n'est pas terme trop subtil.
    Repos, &c.

CLXIII.

REMARQUES.

(a) *Cil.*] Vieux Mot, qui répond à *Celui*, ainsi qu'il paroit par ce Trait de Hues de Piancelles, un de nos anciens Poëtes:

Et cil qui a Femme rubeste
Est garnis de mauvaise Beste.

Selon Borel, *rubeste* ne signifie que *robuste*; mais, à en juger pas ces Vers, ce Mot doit avoir une Signification plus forte, & exprimer quelque Qualité vicieuse & mauvaise. R. d. *l'E.*

CLXIII.

ITEM, je vueil qu'on fonne à branle
Le gros Beffray qui est de verre * (1),   * *Voirre.*
Combien que cueur n'est qui ne tremble, V. & N.
Quant de sonner est en son erre (2).
Saulvé a mainte bonne terre,
Le temps passé, chascun le sçait :
Fussent gens d'armes, ou tonnerre *,   * *Tonnoir-*
Au son de luy tout mal cessoit (a).   *re.* V. & N.

CLXIV.

LES sonneurs auront quatre michés,
Si c'est trop peu *, demy douzaine,   * *Et ce*
Autant qu'en * donnent les plus riches ;   *c'est pou.*
                             Mais V. & N.
                                  * *N'en.*
                                  V. & N.

REMARQUES.

(1) *Le gros Beffray*, la grosse Cloche, qui est de verre. Il faut, qui n'est de voire. Voïez le *Glossaire du Droit François* sur *Beffroy.* BEFFROY se disoit aussi de hauts & spacieux Bâtimens de Bois, dont on se servoit aux Sieges des Places, comme le prouve bien le Passage suivant, tiré d'une des Observations de Claude Menard sur Joinville. ,, Les ,, Anglois, qui séoient devant la Reole, ... avoient ,, fait charpenter deux *Beffrois* de gros Mesrien, à ,, trois Estages, séant chascun sur quatre Rouelles : ,, & estoient ces *Beffrois* ... tous couverts de Cuir ,, boulu, pour défendre du Feu & du Trait ; & ,, avoit en chascun Estage cent Archers. . . . . ,,
Ad. d. l'E.

(2) *En son Erre.*] En Branle. Aller grand Erre, c'est aller grand Train, & en grand' Haste.

(a) *Au Son de luy tout Mal cessoit.*] Le Son du Verre calme les Buveurs, ni plus, ni moins, que le Bruit des Cloches détourne l'Orage.

DIVERSES LEÇONS. Mais, ilz feront de Sainct Eftienne (a).
Vollant eft homme de grant peine:
L'ung en fera (quant je y regarde)
Il en vivra une fepmaine;
Et l'autre (au fort) Jehan de la Garde.

CLXV.

Pour tout ce fournir, & parfaire
J'ordonne mes executeurs,
Aufquelz faict bon avoir affaire,
Et contentent bien leurs debteurs.
Ilz ne font pas trop grans venteurs,
Et ont bien de quoy, Dieu mercys:
De ce faict feront directeurs.
Efcry (*a*): je t'en nommeray fix.

CLXVI.

Cest maiftre Martin Bellefaye,
Lieutenant du cas criminel.
Qui fera l'autre? Je y penfoye:
Ce fera fire Colombel,
S'il luy plaift, & il luy eft bel (b),
Il entreprendra cefte charge.
Et l'autre? Michel Jouvenel.
Ces trois feulz (& pour tous) j'en char-
* *En char-*   ge *.
ge. V. & N.

CLXVII.

REMARQUES.

(a) *Ilz* pour *elles. Miches de Sainct Eftienne :* des Pierres.

(a) *Efcry.*] Il parle à fon *cher Fremin.* Voïez ci-deffus les Huitains LXVII & LXVIII. R. d. l'E.

(b) *Si luy eft bel :*] Si luy femble beau.

CLXVII.

Mais au cas qu'à moy s'excusassent
En redoubtant les premiers frais,
Ou totalement recusassent,
Ceulx qui s'ensuivent cy apres
Je institue; gens de bien tres:
Philippe Bruneau, noble escuyer.
Le second, son voysin d'empres,
Nommé maistre Jacques Raguyer.

CLXVIII.

Et le tiers, maistre Jaques James.
Trois hommes de bien & d'honneur,
Desirans de saulver leurs ames,
Et doubtans (a) Dieu nostre Seigneur;
Car plustost ilz mettroyent du leur,
Que ceste ordonnance ne baillent * (a).
Point n'auront de contreroolleur:
A leur bon seul plaisir en taillent.

* *Ils faillent.* N. &
G. du P.
Qu'a ceste ordonnance ne baillent.
V.

CLXIX.

Des Testamens qu'on dit le maistre
De mon faict n'aura *quid* ne *quod*;
Mais ce sera ung jeune prebstre,
Qui se nomme Thomas Tricot *.
Voulentiers beusse à son escot,

* *Tacot.*
V. & N.

Et

REMARQUES.

(a) *Et doubtans.*] Craignans.
(a) *Ne baillent.*] N'exécutent. Voïez Ménage, *Dictionaire Etymologique,* au Mot *Bailler.*

DIVERSES LEÇONS.

Et qu'il me couſtaſt ma cornette (1).
S'il ſçeut jouër en ung trippot,
Il euſt du mien le trou perrette (a).

CLXX.

QUANT au regard du luminaire,
Guillaume du Ru je y commectz.
Pour porter les coings du ſuaire,
Aux executeurs le remectz.
Trop plus mal me font qu'oncques mais (*a*)
Panil. (*b*), cheveulx, barbe, ſourcilz.
Mal me va * : temps eſt deſormais,
Que crie à toutes gens merciz.

* *Mal me preſſe.* V. & N.

REMARQUES.

(1) *Cornette.*] Voici ce qu'en dit Borel. ,, C'eſt ,, le Devant d'un Chaperon ou Bourelet, qu'on ,, entortilloit ſur la Fontaine de la Teſte, ſelon ,, Nicod. Et ce Nom vient de ce qu'après avoir ,, fait tous ces Tours, les Bouts formoient ſur la ,, Teſte comme deux petites Cornes. Maintenant, ,, la Cornette eſt une Marque de Magiſtrature, & ,, on la porte pendante des deux Coſtez des E- ,, paules, & le Chaperon par derriere. C'eſt ainſi ,, que les Conſuls de diverſes Villes la portent, & ,, entr'autres ceux de Caſtres en Languedoc. ,,
Le même Villon, ci-deſſus Huitain XCVI, dit: *A chaſcun une grand' Cornette, Pour pendre à leurs Chapeaux de Feautres.* Et Martial d'Auvergne, dans les *Vigiles de Charles VII*, dit: *Tres-tous ceux-là firent le Dueil, Et eſtoient en courte Cornette.*

(a) *Le trou perrette.*] Ung Jeu de Paulme à Paris.
(a) *Oncques mais:*] ou *jamais*. R. d. l'E.
(b) *Panil.*] Ancien Mot, que n'expliquent point nos *Dictionaires* de vieux Termes. R. d. l'E.

XIX. BAL-

XIX. BALLADE,

*Par laquelle Villon crye mercy
à chascun.*

I.

A Chartreux, & à Celestins,
A mendians, & à devotes,
A musars (*a*), & cliquepatins (*b*),
A servans, & filles mignottes,
Portant surcotz (*c*) & justes cottes;
A cuidereaulx (*d*) d'amours transis,
Chauſ-

REMARQUES.

(*a*) *Musars.*] C'est-à-dire, *fainéans*, paresseux. R. d. l'E.

(*b*) *Cliquepatins.*] Mot, qui répond à notre moderne *Traine-Savattes*, & qui exprime des Gens, qui font du Bruit en marchant avec leurs *Patins*. R. d. l'E.

(*c*) *Surcots.*] Voïez ci-dessus la XV Ballade, uitain II, Remarque (*a*). R. d. l'E.

(*d*) *A cuidereaulx.*] Jeunes-gens délicats, & qui se dorelotent. Le *Verger d'Honneur* dit:

*Pour ung Badault, ung Sot aquariastre,
Ung Cuydereau, plumant Chastaigne en l'Astre.*

C'est un Diminutif de *Cuideurs*, dans le Sens expliqué dans la Note 5 sur le Chapitre XXV du Livre I de Rabelais.

Chauffans (fans meshaing (a) (*a*)) fauves
    bottes (b) (*b*);
Je crye à toutes gens merciz.

                                           I I.

REMARQUES.

(a) *Sans meshaing.*] A l'aise.

(*a*) *Sans meshaing.*] Je doute que cette Note soit bien fondée. Selon moi, *sans meshaing* signifieroit plûtôt *par galanterie*, & non pas pour se soulager d'aucune Douleur aux Jambes, & pour prévenir du Mal, & se précautionner contre le Froid. *Meshaigné* se dit d'un Homme incommodé; & il y a telle Incommodité de Jambe, à laquelle le Froid est fort contraire.

(b) *Fauves Bottes.*] La belle Chaussure d'alors.

(*b*) *Fauves Bottes.*] Chaussure des Galans d'alors. Le V des *Arrests d'Amours* dit: En Possession & Saisine qu'il ne doit porter la Botte fauve pour l'Amour d'elle. Le Procès est entre deux Amans, qui se disputent le Droit de servir leur commune Maîtresse. Lorsque, dans sa Note précédente, Marot dit, que ces *Bottes fauves* étoient *la belle Chaussure d'alors*, il entend vraisemblablement celle des Hommes. Il est pourtant sûr, que, dans la suite, les Dames usérent de la même Chaussûre; & que comme, entre les Amoureux de ce Tems-là, ceux, qui vouloient passer pour les plus galans, ne portoient la *Botte fauve* qu'à un seul Pié, ou le droit, ou le gauche, les plus Coquettes d'entre les Dames en usérent de même, pour plaire à leurs Amans. C'est ce qui paroît par le XLIII des *Arrests d'Amours*, qui permet aux Dames, ni plus ni moins qu'aux Hommes, *de porter la* Botte *fauve au Pié dextre ou senestre*, comme il leur plaira. Du reste, supposé que, comme le veut un certain *Babin* dans Rabelais, Livre I, Chap. XVI, cette *Botte fauve* fût une Espèce de *Brodequin*, quelques Dames en usoient encore du Tems de Nicod, puis qu'il parle de *Femmes qui ont des Brodequins chaussés*, appelant en Latin ces Femmes *Matronæ petasatæ*. C'est au Mot *Brodequin* de son *Thrésor de la Langue Françoise*.

II.

A fillettes monstrans tetins,
Pour avoir plus largement hostes;
A ribleurs, meneurs de hutins;
A basteleurs, traynans marmottes;
A folz & folles, sotz & sottes,
Qui s'en vont sifflant cinq & six;
A marmousetz & mariottes * (a);
Je crye à toutes gens merciz.

*A vef-
ves & à
mariottes.
V.

III.

SINON aux trahistres chiens mastins,
Qui m'ont faict manger * dures crostes,
Et boire eau maintz soirs & matins (b),
Que ores je ne crains pas trois crottes.
Pour eulx je feisse petz & rottes
Vou'entiers, si ne fusse assis *.
Au fort, pour éviter riottes (c),
Je crye à toutes gens merciz.

*Chier.
V. & N.

* Je ne
puis, car je
suis assis.
V. & N.

IV.

REMARQUES.

(a) *Marmousetz & Mariottes.*] Borel expose ce prémier Mot, après Ragueau, par *Mignon d'un Prince*; mais Nicod, plus convenablement, par *Masque de Fontaine*, ou de telle autre Portion de Bâtiment, qui en peut être susceptible. Ni l'un, ni l'autre, n'expliquent *Mariottes*. Ces deux Mots sont probablement emploïés ici pour *petits Garçons, & petites Filles*. R. d. l'E.

(b) *Qui m'ont fait manger dures Crostes, Et boire Eau maintz soirs & matins.*] Jacques Thibault d'Aussigny. Evêque d'Orléans, & son Official. Voïez ci-dessus les Huitains II & suivans, & les LXII & LXIII. R. d. l'E.

(c) *Riottes.*] C'est-à-dire, *Disputes, Querelles.* R. d. l'E.

M 4

Diverses Leçons.

IV.

S'on leur froissoit les quinze costes,
De bons mailletz, fortz & massis,
De plombées (*a*), & (*b*) de telz pelottes,
Je crye à toutes gens merciz.

CLXXI.

Icy se cloft le TESTAMENT,
Et finist, du pouvre VILLON.
Venez à son enterrement,
Quant vous orrez le carillon,
Vestuz rouges com vermillon;
Car en amours mourut martir:
Ce jura il, sur son chaignon (*a*) (*c*),
Quant de ce monde voult partir.

REMARQUES.

(*a*) *Plombées.*] Massues garnies de *Plomb.* Voïez la Note 4. sur le Chapitre XXXVI du Livre I de Rabelais.

(*b*) Otez cet *&*. R. d. l'E.

(*a*) *Sur son Chaignon.*] Serment antique, comme par mon Chef.

(*c*) *Sur son Chaignon.*] C'est proprement le *Chignon*, autrefois appellé *Chaignon*, & depuis *Chaînon*. Le *Dictionaire François-Italien* d'Oudin interprete le *Chaisnon du Col*, par *Cervice*.

FIN DU
GRAND TESTAMENT
DE
FRANÇOIS VILLON.

T A.

TABLE
DES FAMILLES
DE PARIS,
NOMMÉES DANS LES DEUX
TESTAMENS DE VILLON.

Cette Marque ✻ *désigne les Noms qui ont été ajoutez à cette* Table *dans cette nouvelle Edition de* 1742. *Comme ce ne sont la plûpart que Noms de Filous, de Femmes de Joie, & d'autres Gens de Néant, peut-être n'étoit-ce guères la Peine de les rassembler ainsi. Mais,* LA MACHECROUE & KATHERINE DE VAUSELLES *s'y trouvant, aussi-bien que* MICHAULT CULDOUE, & RENÉ DE MONTIGNY, *il étoit bien juste d'y ajouter,* la petite MACÉE, MARION L'YDOLLE, COLIN DE CAYEULX, *le Frere* BAUDE, *& leurs semblables.*

ANDRY (Courault).   142.
ANGELOT (l'Herbier).   149.
AUSSIGNY (Thibault d').   24 (*a*).
✻ BAILLY.

REMARQUES.
(*a*) *Ou* Jaques Thibault d'AUSSIGNY. *Voïez ci-dessus les Remarques* (*a*) *&* (*b*) *sur le* I *Huitain du* grand Testament. R. d. l'E.

TABLE

✽ BAILLY.	109.
BARRE (le Baſtard, ou Pernet de la).	83, 97, 112.
BASANNIER (Pierre le).	13, 133.
✽ BAUDE (Frere).	19, 119.
BELLEFAYE (Martin).	178.
✽ BLANCHE la Savatiere.	67.
BLARU.	7.
BOYS (Jean du).	114.
BOURGUIGNON (Pierre).	103.
BRUNEAU (Philippe).	179.
BRUYERES (Mle. des).	146.
CALAYS (Jehan de).	172, 173.
CARDON (Jacques).	11, 169.
✽ CAYEULX (Colin de).	160.
✽ CHANGEON.	12.
CHARRUAU (Guillaume).	105.
CHOLLET.	14, 113.
COLOMBEL.	178.
CONTE (Merle le).	126.
CORNU (Jehan le).	7, 103.
COTARD (Jehan).	27, 124-126.
COTIN (Guillaume).	16, 120 Note (*a*).
COURAULT (Andry).	142.
CULDOUE (Michault).	132.
✽ DENISE.	123.
ERACE (Ayeul de Villon).	43.
FOUR (Michault du).	110.
FOURNIER Jehan).	13, 105.
✽ FREMIN, Clerc.	69, 87, 178 Note (*a*).
GALERNE (Colin).	178.
✽ GARNIER, *onzieme Piece ci-après*.	195.
GARDE (Jehan Thibault de la)	20, 133, 178 (*a*).
✽ GENEVOIS.	

REMARQUES.

(*a*) Jehan, & *non* Jehan-Thibault. *Voïez le Huitain*
XXVI

DES FAMILLES.

✼ Genevois.	133.
Girard (Perrot).	116.
Gneuldry (Guillot).	17.
Gossoin (Girard).	15, 127.
Gouvieux (de).	21.
Grigny (de).	12, 132.
Guesdry (Guillaume).	130 (*b*).
✼ Guillemette la Tapiſſiere.	67.
Guillori (Guillot).	17.
Hesselin (Denis).	104.
James (Jaques).	170, 179.
✼ Jehanne de Bretagne.	156.
✼ Jehanneton la Chapperonniere.	68, 82.
Jolys (Noé le).	157.
Jouvenel (Michel).	178.
✼ Jaqueline.	151.
✼ Katherine l'Eſperonniere.	68.
Laurens (Colin).	15, 127.
Laurens (Jehan).	121.
Lou (Jehan le).	14, 113.
Louvieulx (Nicolas de) ou Louviers.	20.
	107.
✼ Macée (la petite).	121.
Machecroue (la).	107.
Mairebeuf, Marbeuf, ou Malebeuf.	20, 107.
Marceau (Jehan).	15, 127.
✼ Marchant (Ythier).	6, 101.
✼ Margot.	151.
✼ Marion	

REMARQUES.

XXVI du petit Teſtament, *&* les *CXXVI & CLXIV du* grand. R. d. *l'E.*

(*b*) *Le même, à coup ſûr, que* Gneuldry (Guillot) *indiqué ci-deſſus. Conférez le Huitain XXI du* petit Teſtament, *avec le CXX du* grand. *R. d. l'E.*

TABLE

✻ Marion l'Ydolle.   156, 159.
✻ Marquet.   172.
Maupensé.   10.
Mautainct (Jehan).   13, 133.
✻ Merle (le Jeune).   126.
✻ Michault.   97.
Millieres (Jehanne de).   9.
Montigny (René de). 11, & *ci-dessous* II Ballade *du* Jargon.
Moreau Provins.   85.
✻ Noé.   75.
✻ Peautarde (Marion).   169.
Perdryer (Jehan).   137.
—— (François).   137.
✻ Perrette.   151.
✻ Philippot.   172.
✻ Pontlieu (Jehan de).   118.
Provins (Moreau).   85.
Raguyer (Jaques).   106, 179.
Raguyer (Jehan).   11, 12, 109.
Richer (Pierre).   128.
Richier (Denis).   111.
Riou (Jehan).   114.
Ronseville (Pierre,) ou Rouseville.   21.
✻ Rose.   96.
Rosnel, ou Rosvel.   133.
Ru (Guillaume du).   180.
Ruel (Jehan de).   133.
Sainct-Amant (Pierre).   7, 104.
Tablerie (Guy).   91.
Taranne (Charlot).   132.
Thibault (Jaques).   83 (*a*).
Tricot.

REMARQUES.

(*a*) *Le même que* d'Aussigny (Thibault), *indiqué ci-dessus. Voiez les Remarques* (*a*) & (*b*) *sur le* I *Huitain du grand Testament. R. d. l'É.*

DES FAMILLES.

Tricot (Thomas).	179.
✽ Tristan, Prévôt des Mareschaux.	172.
Tronne (Jehan) Bouchier.	8.
Troussecaille (Robin).	115.
Turgis (Robin).	85, 104, 108.
Vallée (Robert).	9, 10.
Vallette (Jehan).	111.
Vacquerie (François de la).	121.
Vauselles (Katherine de).	75.
Villon (Guillaume, Pére de François).	90 (*b*).
Vitry (Thibault de).	16, 130.
✽ Vollant.	88.
✽ Ysabeau.	151.
Ythier (Maistre).	6, 101 (*c*).

REMARQUES.

(*b*) *Ou plûtôt simplement son Parent. Voïez ci-dessus le* grand Testament, *Huitain XXXVIII, Remarque* (*b*), & *Huitain LXXVI, Remarque* (*d*). R. d. l'E.

(*c*) *Ou plûtôt Maître* Ythier Marchant, *touchant le Nom duquel tous les précédens Editeurs se sont abusez. Voïez ci-dessus la Remarque* (*a*) *sur le V Huitain de* petit Testament. *R. d. l'E.*

A U

AUTRES OEUVRES DE VILLON.

TROISIEME PIECE.

Le Quatrain que feit Villon, quand il fut jugé à mourir.

DIVERSES LEÇONS.
JE suis François (dont ce me poise,)
Né de Paris, emprès Ponthoise.
Or d'une corde d'une toise
Sçaura mon col que mon cul poise (*a*).

Fau-

REMARQUES.

(*a*) Rabelais, Livre IV, Chapitre LXVII, page 236, rapporte ainsi ce Quatrain :

Ne suis-je Badault de Paris,
De Paris, dis-je, auprès Ponthoise ?
Et d'une chorde d'une toise
Sçaura mon coul que mon cul poise.

Au-lieu d'*Or*, & d'*Et*, Ménage met *Où*; ce qui semble indiquer *Pontoise* pour le Lieu du Suplice.

R. d. l'E.

[*Selon l'Edition de* M. DCC. XXIII.,]
*Fauchet rapporte ainsi ces Vers
de Villon.*

QUATRIEME PIECE.

Je suis François, (dont ce me poise,)
Nommé Corbueil (*a*) en mon surnom,
Né de Paris (*b*) empres Ponthoise,
Et du commun nommé Villon.
Or d'une corde d'une toise
Sçaura (*c*) mon col que mon cul poise,
Si ne fust un joly appel,
Ce jeu ne me sembloit pas bel.

REMARQUES.

De même que Rabelais, Garasse, *Recherches des Recherches de Pasquier*, page 640, rapporte ce Quatrain, ou cette Epitaphe, avec quelques petits Changemens; mais, par une Bévûe bien étrange, il l'attribue à Clopinel, qui, dit-il, *se la fabriqua soy-mesme sur le Gibet, lors qu'il s'escria entre les Mains du Bourreau:*

„ Je suis François, dont ce me poise,
„ Né de Paris, *près de* Pontoise.
„ Or d'une Corde d'une Toise
„ Sçaura mon Col *combien je* poise„

R. d. l'E.

(*a*) *Corbueil.*] Bernier, dans son *Jugement sur Rabelais*, dit, page 422, *Corbeille*, mais mal. R. d. l'E.

(*b*) *Né de Paris.*] Fauchet ne dit point ainsi, mais *Natif d'Auvers*; & a, outre cela, quelques autres petites Variétez mieux observées dans l'*Huëtiana*, page 60. R. d. l'E.

(*c*) *Sçaura.*] Il faudroit *Sçauroit*, pour répondre au *Si* qui suit. R. d. l'E.

CINQUIEME PIECE.
L'EPITAPHE,

en forme de Ballade, que feit Villon pour luy & pour ses Compaignons; s'attendant à estre pendu avec eulx.

I.

Freres humains, qui apres nous vivez,
N'ayez les cueurs contre nous endur-
ciz;
Car si pitié de nous pouvres avez,
Dieu en aura pluftoft de vous merciz.
Vous nous voyez cy attachez, cinq, six.
Quant de la chair, que trop avons nour-
rie,
Elle est pieça devorée & pourrie,
Et nous les os, devenons cendre & poul-
dre.
De nostre mal personne ne s'en rie;
Mais priez Dieu, que tous nous vueille
absouldre.

II.

Si Freres vous clamons, pas ne devez
Avoir desdaing, quoyque fusmes occis
Par Justice; car vous mesmes sçavez,
Que tous hommes n'ont pas bon sens rassis.

Excusez nous, puisque sommes transis (a),
Envers le Filz de la Vierge Marie,
Que sa grace ne soit pour nous tarie;
Nous preservant de l'infernalle fouldre.
Nous sommes mors, ame ne nous harie (1) (b);
Mais priez Dieu, que tous nous vueille absouldre.

III.

La pluye nous a buez & lavez (2),
Et le soleil dessechez & noirciz.
Pies, corbeaulx, nous ont les yeux cavez,
Et arraché la barbe & les sourcilz.
Jamais nul temps nous ne sommes rassis:
Puis çà, puis là, comme le vent varie,
(A son plaisir) sans cesser nous charie;
Plus becquetez d'oyseaulx, que dez à couldre.
Hommes icy n'usez de mocquerie *;
Mais

*Ne soyez donc de nostre confrasrie. Ce Vers est ainsi dans le Livre intitulé Le Jardin de Plaisance, imprimé à Paris, chés Jehan Trepperel, in 4°, gotique, où cette Ballade se trouve.

REMARQUES.

(a) *Transis.*] Trespassez.

(1) *Ame ne nous harie.*] Il faut lire *ne vous harie*; c'est-à-dire, ne vous importune pas. Voïez du Cange, au *Glossaire* sur Ville-Hardouin.

(b) *Ame ne nous harie.*] Ne nous *insulte*, mais plûtôt.... C'est ainsi que Mr. le Duchat a laissé cette Note imparfaite. Sans changer le Texte, comme le fait mal-à-propos la Note précédente, *Ame ne nous harie*, revient peut-être à ceci: *Nous sommes morts; qu'Ame, que Personne, ne nous harie*, c'est-à-dire, *ne nous harcele, ne nous attaque, par d'inutiles Reproches.* R. d. l'E.

(2) *Buez & lavez.*] Savonez & lavez: ou plûtôt, *mis comme à la Lessive par la Pluie. Buée* est encor aujourd'hui la *Lessive* en quelques Provinces, & sur-tout en Picardie. Ad. d. l'E.

<small>Diverses Leçons.</small> Mais priez Dieu, que tous nous vueille abſouldre.

IV.

Prince Jeſus, qui ſur tous ſeigneurie,
Garde qu'Enfer n'ayt de nous la maiſ-
    trie (a),
A luy n'ayons que faire ne que ſoul-
    dre (1) (b).
Ne ſoyez donc de noſtre confrairie *;
Mais priez Dieu, que tous nous vueille
    abſouldre.

<small>* De no- ſtre mal per- ſonne ne ſe rie. Le Jardin de Plaiſance, in Quarto.</small>

REMARQUES.

(a) *Maiſtrie,*] ou *Domination.* R. d. l'E.
(1) *Souldres*] Payer, *ſolvere.*
(b) *Ne que ſouldre.*] Ni rien à démêler. Nicod traduit *Quay-je à faire, ne que ſouldre, avec toy,* par *Quid tibi rei mecum eſt?*

BAL-

DE VILLON.

DIVERSES LEÇONS.

SIXIEME PIECE.

BALLADE

de l'Appel de Villon.

I.

QUE vous semble de mon Appel,
Garnier, feis-je sens, ou follie (a)?
Toute beste garde sa pel (1).
Qui la contrainct, efforce *, ou lye,
Se elle peult, elle se deslie.
Quant donc, par plaisir volontaire,
Chanté me fut ceste homelie *,
Estoit il lors temps de me taire?

* ou forces
Bernier.
Ad. d. l'E.

* Quant en ceste peine arbitraire, on me jugea par tricherie. V. & N. & Le Jardin de Plaisance.

II.

SE fusse des hoirs Hue Capel,
Qui fut extraict de boucherie (b),
On

REMARQUES.

(a) *Fis-je Sens ou Follie?*] C'est-à-dire, *Fis-je bien, ou mal?* Les *Mémoires* d'Olivier de la Marche, Livre V, Chapitre XV, disent, *Que le Royaume de Hongrie demoureroit à iceluy Roy de Boësme, sa Vie durant seulement, sans en pouvoir faire Sens ne Folie;* c'est-à-dire, sans pouvoir y rien innover, soit en bien, soit en mal.

(1) *Sa Pel.*] Sa Peau.

(b) *Hue Capel, qui fut extraict de Boucherie.*] Il n'est pas fort étonnant, que, sur ce Trait ridicule, que Dante fait débiter à Hugues Capet, dans le XX Chant de son *Purgatoire*,

DIVERSES LEÇONS. On ne me eust parmy ce drapel
Faict boyre à celle escorcherie. (*a*).

Vous

REMARQUES.

Figliuol fui d'un Beccaio di Pariggi, divers Italiens se soient aisément persuadez, que ce Prince etoit effectivement *Fils d'un Boucher:* mais, il est bien surprenant, qu'un François ait si facilement adopté une pareille Impertinence; & plus surprenant encore, que Pasquier & Garnier se soient serieusement donné la Peine de l'expliquer en bonne Part, l'un en l'entendant d'*un grand & vaillant Guerrier,* & l'autre d'*un grand & sévere Justisier,* au lieu de déclarer nettement, que ce n'etoit qu'un sot Conte, uniquement fondé sur le Ressentiment d'un Poëte vindicatif, & conséquemment qu'un Fruit calomnieux de Vengeance Italienne. Marot, & Mrs. de Lauriere & le Duchat, ne devoient point le laisser passer sans le refuter : car, comme l'a très judicieusement observé Mr. Bayle dans son Article CAPET, *il n'y a point de Mensonge, pour si absurde qu'il soit, qui ne passe* [trop aisément] *de Livre en Livre, & de Siecle en Siecle,* & ne se perpétue malheureusement ainsi. Bernier, a cru trouver une Réfutation plus courte, en retranchant tout-à-fait cette Strophe de cette Ballade ; & c'est-là couper fort cavalièrement le Nœud Gordien. Voïez son *Jugement & Observations sur Rabelais,* pag. 425. PHILIPPE MOUSK, ancien Auteur François, qui a écrit l'*Histoire de France* en Vers, parle encore plus mal de Capet, que Villon. *Hugues Capet,* dit-il,
Qui moult est vites & senex,
Noncques n'aima Droit & Bien-Fez.

R. d. l'E.

(*a*) *On ne m'eut parmy ce Drapel fait boyre à celle Escorcherie*] VILLON, qui, peut-être, croïoit bonnement la ridicule Tradition, dont on vient de parler, veut dire ici, que s'il eût été des Descendans de Hugues Capet, on lui auroit épargné la Question qu'il souffrit à Paris, pour quelques Crimes dont il étoit prévenu Elle se donne à Paris avec l'Eau, qui s'entonne à travers un Linge dans l'Estomac du Patient : & c'est ce qu'entend ici

Vous entendez bien joncherie (a) ?
Mais, quant ceſte peine arbitraire
On m'adjugea par tricherie,
Eſtoit il lors temps de me taire ?

III.

Cuidez vous que ſoubz mon cappel
Ny euſt tant de philoſophie
Comme de dire, J'en appel?
Si avoit, je vous certifie;
Combien que point trop ne m'y fie.
Quant on me dit, preſent notaire,
Pendu ſerez *, je vous affie,
Eſtoit il lors temps de me taire?

* Seras.
Bernier.
Ad. d. l'E

IV.

Prince, ſi j'euſſe eu la pepie,
Pieça je fuſſe ou eſt Clotaire (a),
Aux champs debout comme une eſpie (b).
Eſtoit il lors temps de me taire?

REMARQUES.

ici le Poëte par ce *Drapel*, au travers duquel on l'a-voit, dit-il, *fait boire à celle Eſcorcherie*, comme il appelle cet Endroit du Châtelet, où il avoit en-duré la Queſtion. Borel gâte tout cela, Sens & Meſure, en écrivant à Contre-Sens de l'Auteur:
   On m'eut parmy ce Drapel
      Fait boire de l'Eſcorcherie. Ad. d. l'E.
   (a) *Joncherie* eſt un Mot jargon. *Joncherie*, Tromperie.
   (a) *Pieça je fuſſe ou eſt Clotaire.*] A Montfaucon ſur le Chemin de l'Abbaïe de St. Denis dans la-quelle eſt inhumé *Clotaire III. Pieça*, compoſé de *Piece* & d'*a*, comme qui diroit, *Piece de Tems a que je fuſſe*, &c. Voiez Borel. R. d. l'E.
   (b) *Aux champs debout comme une eſpie.*] Le Gi-bet, Supplice des Eſpions, eſt hors de la Ville; & ſi Villon n'eût appellé, il étoit deſtiné à mourir *debout* à une Potence.

SEPTIEME PIECE.

LA REQUESTE

de Villon, préfentée à la Court de Parlement, en forme de Ballade.

I.

Tous mes cinq fens, yeulx, oreilles, & bouche,
Le nez, & vous le fenfitif auffi ;
Tous mes membres, où il y a reproche,
En fon endroit ung chafcun die ainfi :
„ Court fouveraine (a), par qui fommes icy,
„ Vous nous avez gardé de defconfire.
„ Or la langue feule ne peut fuffire
„ A vous rendre fuffifantes louenges.
„ Si parlons tous (a), fille au fouverain Sire *,
„ Mere des bons, & feur des benoiftz anges. „

* *Si prie pour vous mere du fouverain Sire. V.*

II.

REMARQUES.

(a) *Court Souveraine.*] Lifez *Court fouverain'*, comme ci-deffous dans l'Envoi, *Court triumphant'* ; fans quoi ce Vers feroit trop long d'une Sillabe. *R. d. l'E.*

(a) *Si parlons tous :*] s'entend tous les cinq Sens.

II.

Cueur fendez vous, ou percez d'une broche,
Et ne soyez (au moins) plus endurcy,
Que au desert fut la forte bise roche,
Dont le peuple des Juifz fut adoulcy.
Fondez larmes, & venez à mercy,
Comme humble cueur qui tendrement souspire :
Louez la Court, conjoincte au sainct Empire,
L'heur des Françoys, le confort des estranges,
Procréée (a) la sus * au ciel empire,   * *Priez la*
Mere des bons, & seur des benoistz anges. *sus*. N. & G. du P.

III.

Et vous, mes dentz, chascune si s'esloche (1)
Saillez avant, rendez toutes mercy,

Plus

REMARQUES.

(a) Il a très bien faict *procréée* quadrissillabe.

(1) *Eslocher*:] demetre ; d'où vient *disloquer*. Chretiens de Troyes, au Roman de *Perceval*, MSS.

Et Perceval pas ne se faint,
Par desor la boole l'ataint ;
Si l'abati sor une roche,
Que la chanole ly esloche.

Borel écrit *Canole*, dérive ce Mot de *cane*, l'explique de l'Epaule au Coude, & continue la Citation de *Perceval* où il est encor emploïé :

Et trois Pucelles de l'Escole,
Qui luy renouent la Canole. Ad. d. l'E.

DIVERSES LEÇONS.

Plus haultement, que orgue, trompe, ne cloche;
Et de maſcher n'ayez orez (a) ſoulcy:
Confiderez, que je fuſſe tranſi.
Foye, pommon, & rate qui reſpire;
Et vous, mon corps, (ou vil eſtes & pire,
Que ours ne pourceau, qui faict ſon nid és fanges,)
Louëz la Court, avant qu'il vous empire,
Mere des bons, & ſeur des benoiſtz anges.

IV.

PRINCE, trois jours ne vueillez m'eſ-condire
Pour moy pourvoir, & aux miens Adieu dire (a).
Sans eulx argent je n'ay icy n'aux chan-ges (1).
Court triumphant', fiat, ſans me deſdire *,
Mere des bons, & ſeur des benoiſtz anges.

* Bien faiſant ſans meſdire. V. & N.

REMARQUES.

(a) *Orez.*] Liſez *ores*, c'eſt-à-dire, *préſentement*. *Orez* ſignifie *priez*, & ne feroit ici aucun Sens. R. d. l'E.

(a) Il appert, que VILLON ne fut que banny.
(1) *N'aux Changes:*] ny aux Changes.

HUITIEME PIECE.

LE DEBAT

du Cueur & du Corps de Villon, en forme de Ballade.

I.

Qu'est ce que j'oy ? Ce suis je. Qui ?
  Ton Cueur,
Qui ne tient mais qu'a ung petit filet.
Force n'ay plus, substance, ne liqueur,
Quant je te voy retraict ainsi seulet,
Com pouvre chien tappy en recullet (a).
Pourquoy est ce ? Pour ta folle plaisance.
Que t'en chault il ? J'en ay la desplaisance.
Laisse m'en paix. Pourquoy ? Je y pen-
  seray.
Quant sera ce ? Quant seray hors d'enfance.
Plus ne t'en dy, & je m'en passeray.

II.

Que penses tu ? Estre homme de valeur ?
Tu as trente ans : c'est l'aage d'ung mullet.
Est ce enfance ? Nenny. C'est donc chal-
  leur *,

       Qui V.

* Folleur.

REMARQUES.

(a) *Tappy en recullet.*] Caché, honteux, en derriere.

Diverses Leçons. Qui te faisist. Par ou ? Par le collet.
Rien ne congnois. Si fais, mouches en laict.
L'ung est blanc, l'autre est noir ; c'est
la distance.
Est ce doncq' tout ? Que veulx tu que je
tance ?
Si n'est assez, je recommenceray.
Tu es perdu. Je y mettray resistance :
Plus ne t'en dy, & je m'en passeray.

III.

Dont vient ce mal ? Il vient de mal-
heur (*a*).
Quant Saturne me feit mon fardelet (*b*),
* *Ces.* V. C'est * maulx y mist : je le croy. C'est
& N. foleur (*a*) :
Son seigneur es, & te tiens son valet.
Voy que Salmon (*b*) escript en son roulet :
„ Hom-

REMARQUES.

(*a*) *De malheur.*] Lisez *de mon malheur* ; sans quoi, il faudroit faire un des deux *vient* de deux *Sillabes*. R. d. l'E.

(*b*) *Fardelet.*] Diminutif de *Fardeau*, comme qui diroit *petit Pacquet*. Pierre Farget, Augustin de Lion, Traducteur de quantité d'Ouvrages à la Fin du XV Siecle, s'est servi de ce Mot dans sa Traduction du *Fasciculus Temporum* de Werner Rolewinck, Chartreux de Cologne, qu'il a intitulée *Le petit* Fardelet *des Fais, ou le Fascicule des Temps* : & c'est peut-être-là le seul Endroit où cet ancien Mot soit emploïé, excepté ce Vers de VILLON. R. d. l'E.

(*a*) *Foleur*:] Follie.

(*b*) *Salmon*, pour Salomon, par Syncope : DE même que ci-dessus VI Ballade du *grand Testament*, Huitain I. *Ad. d. l'E.*

„ Homme fage (ce dit il) a puiffance,
„ Sur les planetes, & fur leur influence (*a*). „
Je n'en croy rien : telz (*b*) qu'ilz m'ont
    faict, feray.
Que dis tu dea ? Certes c'eſt ma creance :
Plus ne t'en dy, & je m'en paſſeray,

ENVOY.

IV.

Veux tu vivre ? Dieu m'en doint la
    puiſſance.
Il te fault. Quoy ? Remors de conſcience :
Lire ſans fin. Et en quoy ? En ſcience :
Laiſſe les folz. Bien, je y adviſeray.
Or le retiens. J'en ay bien ſouvenance.
N'attends pas tant, que tourne à deſplai-
    ſance.
Plus ne t'en dy, & je m'en paſſeray.

REMARQUES.

(*a*) *Sur les Planetes & ſur leur Influence.*] Ce que le bon VILLON nomme aſſez cavaliérement-là le *Roulet de Salomon* eſt apparemment le Livre de la *Sageſſe*, & ce qu'il en cite le Verſet 29 du VII Chapitre. Au reſte, pour la Meſure du Vers, *&* eſt-là de trop. R. d. l'E.

(*b*) *Telz.*] Liſez *tel*. R. d. l'E.

LA REQUESTE,

que Villon bailla à Monseigneur de Bourbon (a) (1).

I.

LE mien seigneur, & prince redoubté,
Fleuron de lys, royalle geniture,
FRANÇOYS VILLON, que travail a dompté,
A coups orbes (2), par force de batture,
Vous supplie par ceste humble escriture,
Que luy faciez quelque gracieux prest.
De s'obliger en toutes cours est prest.
Si (b) ne doubtez, que bien ne vous contente,
Sans y avoir dommage ne interest :
Vous n'y perdrez seulement que l'attente.

II.

A prince n'a ung denier emprunté,
Fors à vous seul, vostre humble creature.
De

REMARQUES.

(a) CHARLES, Duc de Bourbon, mort en Décembre 1456; ou JEAN, son Fils, mort le 1 Avril 1487. *R. d. l'E.*

(1) Marot a imité cette Piece de Villon.

(2) *Coups orbes :*] Coups cachés, Coups qui ne paroissent pas: ou qui ne font que Meurtrissure, sans Ouverture de Plaie, comme le prétend Nicod. *R. d. l'E.*

(b) *Si.*] C'est-à-dire, *Partant, Ainsi*. R. d. l'E.

De fix efcuz, que luy avez prefté,
Cela pieça il mift en nourriture.
Tout fe payera enfemble : c'eft droicture ;
Mais ce fera legierement & preft.
Car fi du gland rencontre la foreft
D'entour Patay, & chaftaignes ont ven-
te (a),
Payé vous tiens, fans delay n'y arreft :
Vous n'y perdrez feulement que l'attente.

III.

Si je peuffe vendre de ma fanté
A ung Lombard ufurier par nature,
Faulte d'argent m'a fi fort enchanté,
Que j'en prendrois (ce croy je) l'adven-
ture.
Argent ne pend à gippon ne ceincture (1) ;
Beau fire Dieux, je me esbahyz que c'eft.
Car devant moy Croix ne fe comparoift,
Si-non de boys, ou pierre, (que ne mente.)
Mais fe une fois la vraye me apparoift,
Vous n'y perdrez feulement que l'attente.

IV.

Prince du lys, qui a tout bien complaift (a),

Que

REMARQUES.

(a) *Entour Patay.*] N'y a aucune Foreft, & n'y vend-on Chaftaignes.

(1) *Gippon.*] Juppon, du Mot Alleman *gipp*, qui fignifie la même chofe. *Ceinture*. Autrefois, on y mettoit l'Argent. Voïez le *Gloffaire du Droit François*, fur ce Mot.

(a) *Qui a tout bien complaift :*] ou plûtôt, *à qui tout bien complaift. R. d. l'E.*

<small>DIVERSES LEÇONS.</small> Que cuydez vous, comment il me def-
plaift,
Quant je ne puis venir à mon entente?
Bien entendez. Aydez moy *, s'il vous
plaift:
Vous n'y perdrez feulement que l'attente (a).

<small>* Bien m'entendez, aidez m'en. V. & N.</small>

Subfcription de ladicte Requefte.

ALLEZ, Lettres, faictes ung fault:
Combien que n'ayez pied ne langue,
Remonftrez en voftre Harengue,
Que faulte d'argent fi m'affault.

REMARQUES.

(a) En faifant l'Extrait des *Oeuvres de Villon* d'E-
dition de 1723, les Journaliftes de Trévoux, Septembre 1723, page 1557, avancent, que Marot a
emploié ce même Vers prefque entier en celui-ci,
Vous n'y perdrez que l'Argent & l'Attente,
dans fa belle *Epitre à François I*, pour avoir efté déf-
robé, qui n'eft, remarquent-ils, *qu'une Copie ornée
& embellie de la Requefte de Villon à Monfeigneur de
Bourbon*. Mais, on ne voit abfolument rien de
femblable dans cette *Epitre*, qui eft la XXVIII de
l'Edition de *Marot*, faite *à la Haye, chés Goffe &
Neaulme*, en 1731, en 2 voll. in 4° & 6 in 12°. Ils
fe font abufez, fans doute: & ce qui les a trom-
pez eft apparemment, que dans la fuivante, a-
dreffée par Marot *à un fien Amy*, & où il s'agit
de l'Argent que devoit lui prêter le Roi, le dernier Vers eft
Qu'il n'y perdra que l'Argent & l'Attente.
R. d. l'E.

BAL-

DIXIEME PIECE.

BALLADE.

I.

Tant grate chevre, que mal gist :
Tant va le pot à l'eau, qu'il brise :
Tant chauffe-on le fer, qu'il rougist ;
Tant le maille-on (a), qu'il se debrise :
Tant vault l'homme, comme on le prise ;
Tant s'eslongne-il, qu'il n'en souvient ;
Tant mauvais est, que on le desprise :
Tant crie l'on Noël, qu'il vient.

II.

Tant raille l'on (a), que plus on ne rit :
Tant despend-on, que on n'a chemise :
Tant est on franc, que tout se frit :
Tant vault tien, que chose promise :
Tant ayme-on Dieu, qu'on fuyt l'Eglise :
Tant donne-on, que emprunter convient :
Tant tourne vent, qu'il chet en bise :
Tant crie l'on Noël, qu'il vient.

III.

REMARQUES.

(a) *Mailler.*] Marteller.
(a) *Tant raille-l-on.*] Tant raille on.
R. d. l'E.

III.

TANT ayme-on chien, qu'on le nourrift :
Tant court chanfon, qu'elle eft apprife :
Tant garde-on fruict, qu'il fe pourrift :
Tant bat-on place, qu'elle eft prife :
Tant tarde-on, qu'on fault à l'emprife :
Tant fe hafte-on, que mal advient :
Tant embraffe-on, que chet la prife :
Tant crie l'on Noël, qu'il vient.

IV.

PRINCE, tant vit fol, qu'il s'advife ;
Tant va-il, que apres il revient ;
Tant le matte-on, qu'il fe radvife :
Tant crie l'on Noël, qu'il vient.

REMARQUES.

(1) *Qu'on faut à l'emprife* ;] qu'on manque l'Entreprife.

ONZIEME PIECE.
BALLADE.

I.

Je congnois bien mouches en laict.
Je congnois à la robe l'homme.
Je congnois le beau temps du laid.
Je congnois au pommier la pomme.
Je congnois l'arbre à veoir la gomme.
Je congnois quant tout est de mesme.
Je congnois qui besongne, ou chomme.
Je congnois tout, fors que moy-mesme.

II.

Je congnois pourpoinct au collet,
Je congnois le moyne à la gonne (1).
Je congnois le maistre au valet.
Je congnois au voyle la nonne.
Je congnois quant pipeur jargonne *.
Je congnois folz * nourriz de cresme.
Je congnois le vin à la tonne.
Je congnois tout, fors que moy-mesme.

* L'Oiseau qui gergone. Le Jardin de Plaisance, in Quarto.

* Sotz, Le Jardin de Plaisance, in Quarto.

III.

REMARQUES.

(1) *Gonne.* Voïez Borel au Mot, *Genelle*; & Skinner, au Mot *Gunna*.

210 BALLADE SUR JE CONGNOIS.

DIVERSES
LEÇONS.

III.

* Du. V.
Je congnois cheval & * mullet:
Je congnois leur charge & leur somme.
Je congnois Bietrix & Bellet.
Je congnois gect qui nombre & somme.
Je congnois vision de somme *(a)*.
* Boëmes. Je congnois la faulte des bresmes *.
Le Jardin Je congnois le povoir de Romme.
de Plaisan- Je congnois tout, fors que moy-mesme.
ce, & G.
du P.

IV.

Prince, je congnois tout en somme.
Je congnois coulorez & blesmes.
Je congnois mort, qui tout consomme.
Je congnois tout, fors que moy-mesme.

REMARQUES.

(a) Vision de somme:] Vision qui advient en so-
meillant.

LE

BALLADES DU JARGON. 211

DIVERSES LEÇONS.

DOUZIEME PIECE.

LE JARGON
ET
JOBELIN DE VILLON,
EN VI BALLADES *.

* Voïez la Préface de Marot.

I. BALLADE.

I.

A parouart le grant maistre Gaubie *,   * *Gaudie.*
Qua collez sont dupes * & noircis,   * *Dupez.*
Et par les anges suivant la facherie *,   * *Ficherie.*
Sont empouez & greffix cinq ou six.
La sont beflures * ou plus haulx assis,   * *Besleurs.*
Pour louagie * & bien hault mis au vent.   * *Levagie.*
Eschecquez moy tost ces coffres massifz ;
Car vendengeurs des ances circoncis,
S'en brouent du tout à neant,
Eschec eschec pour le fardis.

II.

Brouez moy sur ces gros passans,
Rebignez moy bien tost le blanc,

O 2   Et

BALLADES

<small>DIVERSES LEÇONS.</small>
Et pietonnez au large fur les tirans,
Qu'a mariage ne foyez fur le blanc,
<small>* Plaftre.</small> Puis qu'ung fac n'eft de pafture * blanc,
Si grupez eftes des carieux,
<small>* Enter-veux.</small> Rebignez moy toft ces entreveux *,
Et leur monftrez le prois le bis,
Qu'enclouez ne foient deux à deux,
Efchec efchec pour le fardis.

III.

Plantez aux hurmes voz picons,
De paour des pifans fi tres durs,
Et auffi d'eftre fur les joncz,
Emmanchez en coffre & gros murs,
Efcarriffez ne foyez point durs,
Que le grant can ne vous face efforer,
<small>* Soyez.</small> Songears ne foient * pour dorer,
<small>* Et babignez tous jours.</small> Et rebignez tousjours * aux ys,
Des fires pour les desboufer *,
<small>* Desboufer.</small> Efchec efchec pour le fardis.

IV.

Prince roart dis arques petits,
L'ung des fires fi ne foit endormis,
Levez au bec que ne foyez greffis,
Et que voz emps n'en ayent du pis,
Efchec efchec pour le fardis.

II. BALLADE.

I.

Coquillars enarvans à Ruel,
Que n'y laiffez corps ne pel,
Comme eft * Colin l'Efcailler (*a*),   * *Fift.*
Devant la roe de babiller,
Il babigna pour fon falut,
Pas ne fçavoit ongnons peller,
Donc lamboureux luy romp le fuc.

II.

Changés andoffés fouvent,
Et tirez tout droit au temple
Et efchequez toft en brouant,
Qu'en la jarte ne foyez emple.
Montigny y fut par exemple,
Bien ataché au halle grup (*b*),

Et

REMARQUES.

(*a*) *Colin l'Efcailler.*] Apparemment le même que *Colin de Cayeux* de ci-deffus, Huitain I de la Ballade XVI du *grand Teftament*, page 160, qui fut auffi pendu pour s'être allé *esbattre* à Ruel. R. d. l'E.

(*b*) *Montigny . . . . bien attaché au halle grup.*] C'eft-à-dire, pendu. C'eft apparemment ce même *René de Montigny*, auquel Villon avoit légué *trois Chiens*, ci-deffus Huitain XII de fon *petit Teftament*. Ces deux Avanturiers étoient probablement du Nombre des cinq avec lefquels il devoit être pendu. Voïez ci-deffus leur *Epitaphe*, ou *cinquieme*

<small>DIVERSES LEÇONS.</small> Et y jargonnaſt-il le temple,
Donc l'emboureux luy romp le ſuc.

III.

GAILLEURS faitz en piperie,
* *Ninars.* Pour ruer les nivars * au loing,
* *A l'aſ-* Alla hault * toſt ſans ſuerie,
ſault. Que les mignons ne ſoient au gaing.
Farcis d'ung plombis à coing;
* *A.* Qui griefve & * garde le duc,
Et de la dure ſi treſloing,
Donc lemboureux luy rompt le ſuc.

IV.

PRINCE, arriere de Ruel,
Et n'euſſez vous denier ne pluc,
Qu'au griefve ne laiſſe la pel,
Pour lemboureux qui romp le ſuc.

REMARQUES.

quieme Piece, Strophe I, Vers 5; d'où l'on pouroit conjecturer, que Villon ſeul obtint ſa Grace, à cauſe de ſon Eſprit, ou à la Recommandation de quelque Grand. *R. d. l'E.*

DU JARGON.

III. BALLADE.

I.

SPELICANS,
Qui en tous tems,
Avancez dedans les pougois,
Gourde piarde,
Et sur la tarde,
Deboufez les povres niais.
Et pour souftenir voz pois,
Les dupes font privez de faire
Sans faire haire,
Ne hault braire,
Mais plantez y font comme joncz,
Par les fires qui font si longs.

II.

Souvent aux arques
A leurs marques,
Se laissent tous deboufer,
Pour ruer,
Et enterver,
Pour leur conte que lors font,
La face * les arques vous respond,   * Fée.
Et rue deux coups ou troys,
Aux gallois,
Deux ou trois
Mineront trestout au fons,
Pour les fires qui font si longs.

III.

III.

Et pource bernardz
Coquillars
Rebequez vous de la montjoye,
Qui desvoye
Vostre proye,
Et vous fera du tout brouer,
Pour joncher
Et enterver,
Qui est aux pignons bien cher,
Pour riffler,
Et placquer,
Les angles de mal tous rondz,
Pour les fires qui sont si longs.

IV.

De peur des hurmes
Et des grumes,
Rasurez vous en droguerie,
Et faerie.
Et ne soyez plus sur les joncz,
Pour les fires qui font si longz.

IV. BALLADE.

I.

SAURICQUETZ fronans de gourtz acquetz,
Pour debouſer beau ſire dieux;
Allés ailleurs planter voz marquetz,
Benard * vous eſtes rouges gueux,   * *Bevards.*
Menard * s'en va ſur les joncheurs,   * *Berart.*
Et à babine * qu'il a plongis,   **Babigne.*
Mes freres ſoyés embrayeurs,
Et gardés les coffres maſſis.

II.

Si gruppez eſtes neſgrappez *,   * *Deſgrappez.*
De ces angeletz ſi graveliffez,
Incontinant manteaulx & cappes,
Pour lemboue ferez eclipſes,
De voz frages ferez beliffres *,   * *Beſiſles.*
Tout deboutz nompas aſſis,
Pource gardez d'eſtre greffis,
En ces gros coffres maſſis.

III.

Nyais qui feront attrappez,   * *S'en bronent au halle.*
Bien toſt feront brouez au halle *,   * *N'y vault que toſt.*
Plus ne veulx que toſt * ne happez
La braudoſe * de quatre taille   * *Brandroſe.*

De

DIVERSES LEÇONS.
* Gosier.

De tiers faire hairenaille,
Quant le geollier * est assiegis.
Et si hurgue la piranale,
Au saillir des coffres massis.

IV.

PRINCE des gayeux les sarpes,
Que voz contrez ne soyent greffis,
Pour doubtes de fouer aux arques,
Gardez vous des coffres massis.

V. BAL.

V. BALLADE.

I.

Joncheurs jonchans en joncherie,
Rebinez bien ou joncherés,
Quoſtac membroue voſtre arriere *   * Arerie.
Ou acollez ſont voz aiſnez,
Pouſſez de la quille & brouez,
Car toſt ſeriez roupieux,
Eſchec qu'acollez ne ſoyez
Par la poue * du marieux.   * Poe.

II.

Bandez vous contre la faerie,
Quant vous auront desbouſés,
Meſtant à juc la rifflerie
Des anges & leurs aſſoſez.
Barard * ſi vous povez renverſez   * Berard.
Se greffir laiſſez voz corieux *   * Carrieux.
La dure bien renverſez,
Pour la poue * du marieux.   * Poe.

III.

Entravez * à la flaterie *,   * Entervez. * Floterie.
Chantez leur troys ſans point ſongier
Qu'en eſte * ne ſoyez aſſuerie *,   * Aſtes. * En ſurie.
Blanchir voz cuirs & eſſurger
      Bigués

Bignés * la mathe sans targer,
Que voz ans ne soyent rubieux *,
Plantez ailleurs contre sieges assieger
Pour la poue * du marieux.

Diverses Leçons.
* *Biguez.*
* *N'en soient ruppieux.*
* *Poc.*

IV.

PRINCE Benard en estrie *,
Querez coupeaulx pour remboreaulx *
Et autour de voz ys luesie,
Pour la poue * des marieux.

* *Esterie.*
* *Rambouteux.*
* *Pec.*

VI. BAL-

VI. BALLADE.

I.

Contres de la gaudifferie,
Entervez tousjours blanc pour bis,
Et frappez en la huterie
Sur les beaulx firez bas affis,
Ruez de feuilles cinq ou fix,
Et vous gardez bien de la roe
Qui aux fires plante du gris,
En leur faifant faire la moue.

II.

Et la griffe gardez de rire,
Que voz corps n'en ayent du pis,
Et point à la tuerie *,   * *Turterie.*
En la hurme ne foyez affis,
Prens du blanc & laiffe le bis,
Rue par les frondes la poe,
Car le bizart avoir advis
Faict aux brouars faire la moue.

III.

Plantes de la mouargie,
Puis çà puis là pour lartis *,   * *L'artis.*
Et n'efpargnez point la fogie *,   * *Flogie.*
Des doulx dieulx fur les patis,

<small>DIVERSES LEÇONS.</small>
Voz ens foyent affez hardis,
Pour avancer la droe,
Mais foyent memoradis,
Qu'on ne vos face faire la moue.

IV.

Prince qui n'a bauderie,
Pour efchever de la foe,
Dangier du grup en arderie,
Faict aux fires faire la moue.

Fin du Jargon & Jobelin.

AVERTISSEMENT
DE
Mr. LE DUCHAT
SUR LE
FRAGMENT
SUIVANT.

FEU Mr. BALUZE communiqua un jour à Monsieur de la Monnoye un Fragment d'une *Ballade* de VILLON, de laquelle les Vers n'aïant jamais été imprimez, on ne sera pas fâché de trouver ici ce *Fragment*, tel que je l'ai reçû, copié de la propre Main de cet illuftre Académicien. Le Papier, sur lequel cette *Ballade* étoit écrite, étoit demi-rongé, & ne contenoit que le Morceau qui suit. C'est le prémier Couplet de la Ballade.

D'un jet de dard, d'une lance acérée,
D'un grand fauffant (a), d'une groffe maffue,
D'une

(a) Peut-être faut-il lire *Fauffart*, forte de grand Javelot, ainfi appellé au Chapitre XL. de l'*Hiftoire de Bertrand*
du

D'une guiferme, & d'une vieille efpée,
D'un braquemart, d'une hache emolue,
D'un grand penard (b), *& d'une befaiguë,*
D'un fort efpieu, & d'une faqueboute (c),
De mau-brigans puiffent trouver tel' route,
Que tout leur corps leur foit mis par morceaux,
Le cœur fendu, déchirez les boyaux,
Le col coupé d'un bon branc acherin (d),

Et

du *Guefclin.* On le nomma *Fauffant,* ou *Fauffart,* parce qu'il *fauffoit* les meilleurs Haubers. Néanmoins, dans le Roman de *Galien reftauré,* Chapitre LIX, on lit: ,, Quant Baligant vit fes Gens occire, ... chevauche ,, par l'Eftour, tenant ung grant *Fauffart* en fa Main. ,, Puis le remift en fa *Gayne,* & demanda une Lance.,, Ce *Fauffart,* qui fe mettoit dans une *Gaine,* devoit être un de ces *Cimeterres* à la Turque, courbé comme une *Faux,* d'où il auroit pris fon Nom. Au Chapitre LXXIII du même Roman, il eft dit d'un *Fauchart,* qu'il étoit bien *trenchant.*

(b) Sorte de grande Flêche, ainfi appellée, à caufe des *Pennes* de fes Ailerons. Jean-Juvenal des Urfins, dans fon *Hiftoire du Roi Charles VI,* pages 226 & 227 de l'Edition du Louvre, en 1653, où il eft parlé de la Retraite *précipitée* des Bourguignons en 1411: *Et fe donnoit-on grandes Merveilles,* dit cet Auteur parlant du Duc de Bourgogne, *comme il s'en eftoit retourné & retraict. Car, il avoit en fa Compagnée trois mille Chevaliers, & Efcuyers, & quatre mille Arbaleftriers, chacun garny de deux Arbaleftres, & deux gros Valets, dont l'un tenoit un grand Pennard, & l'autre tendoit l'Arbaleftre: tellement que toujours y en avoit une tendue.* Ce Mot s'étant dans la fuite, & dès le Tems de Villon, écrit & prononcé *Penard,* avec une feule *n,* cette Orthographe & cette Prononciation en ont rendu l'Origine & la Signification moins aifées à découvrir.

(c) Lance armée d'un Fer crochu, dont on fe fervoit pour defarçonner un Cavalier. Voïez le *Gloffaire* de du Cange, au Mot *Sacabuta.* L'Allemand appelle *Hagk* l'*Uncus* des Latins.

(d) Grande & large Epée de fin Acier, & qui ne tranchoit que d'un Côté. Dans le Roman de *Percefo-*
rêt,

DE VILLON.

Et voisent drus aux Stygiens caveaux
Les Taverniers qui brouillent nostre Vin (a).

Qu'il me soit permis d'ajouter ici, que les *trois Ballades*, imprimées à la Fin de la II Partie, qui contient les *Oeuvres attribuées* à Villon, pourroient bien avoir été fournies par Monsieur de la Monnoie. Du-moins ai-je lieu de croire, que ce sont celles-là mêmes, dont il me parle, en ces Termes, dans une Lettre du 28 Janvier 1723: *J'ai à votre Service trois autres Ballades manuscrites, bien entieres, attribuées à* Villon, *que Marot, ou n'a point connues, ou n'a point cru lui appartenir.*

---

ret, Volume VI, Chapitre X, où il est parlé du preux & subtil *Lyscus*, appellé *le Chevalier aux quatre Brancs*, on lit: *Après ce, il fit à l'entour de sa Ceinture attacher quatre grans Brancz d'Acier, bien affichés à grandes & fortes Couroyes de Fer, & lyer bien & fort à l'entour de ses Costez*, en ceste maniere, que les Dos des Trenchans estoient par devers le Haulbert, & les Taillans droit au-dehors. Ceux-ci, comme on voit au Chapitre suivant, étoient, soit dit en passant, longs de cinq Piés, sur un de large. Et, peut-être, *Branc* vient-il de *Ramus*. Voïez Ménage, aux Mots *Branche* & *Brin* de son *Dictionaire Etymologique*.

(a) On a un ancien Ouvrage Poëtique, intitulé *Les Abus & Tromperies des Taverniers & Tavernieres, qui brouillent le Vin, & comment on les doit punir, en Rimes*; imprimé à Lyon, chez *Jean Saugrain*, sans Date, in 16°; & indiqué par du Verdier, *Bibliotheque Françoise*, page 102. Ce Fragment n'en seroit-il point tiré; &, en ce Cas, seroit-ce un nouvel Ouvrage de Villon jusqu'à présent inconnu? *R. d. l'E.*

ADDITIONS
AUX
REMARQUES
PRECEDENTES.

Page 6, ligne 5, *au lieu de* prendre, *lisez* pendre.

Page 11, *à la Fin de la Remarque* (*a*), *ajoutez* : MENAGE croit que ce Mot peut affez vraifemblablement venir du Flamand *Huicke*, Efpece de long Manteau de Femme, depuis la Tête jufqu'aux Pieds. *Ad. d. l'E.*

Page 12, *à la Fin de la Remarque* (4), *ajoutez* : GUILLAUME COQUILLART, *Droitz nouveaulx*, page 30, compare fort plaifamment cet *Abreuvoir Popin* aux Femmes abandonnées à tout venant.

    Femme, qui aime le Lopin,
    Le Vin, & les friands Morceaulx,
    C'eft un droict Abreuvoir Popin,
    Chafcun y foure fes Chevaulx.

Au lieu de *droict*, Bernier met *vrai*, & foure-là mal-à-propos un *Hiatus*. Ad. d. l'E.

Page 26, lignes 2 & 3, *après ces deux Vers* :
    Peu m'a d'une petite Miche,
    Et de froide Eau tout ung Efté,
ajoutez (*a*), *& mettez en marge* : (*a*) Eu voulant s'ingérer de corriger ces deux Vers-là, par ces deux autres,
    Peu m'a duré petite Miche,
    Et de froide Eau tout un Efté,
Ménage a tout corrompu le Sens du prémier, ne fentant pas que *peu* fignifioit-là *repû* ; & n'en a laiffé abfolument aucun dans l'autre. R. d. l'E.

Page 30, *à la Marge, après* Meun. V., *ajoutez* : De la dure Prifon Mehun. *Borel.* Ad. d. l'E.

Page 31, *à la Fin de la Remarque* (*c*), *ajoutez* : MENAGE explique ce *tant* par *tandis* ; mais, le *jufqu'à ce* de Marot vaut beaucoup mieux. *Ad. d. l'E.*

ADDITIONS AUX REMARQUES PRECEDENTES.

Page 44, *à la Fin du XXVII Huitain, ajoutez* (d), & mettez au bas de la Page:

   (d) *Aux Theologiens le remetz,*
     Car c'eſt Office de Preſcheur.]

Probablement, voilà l'Original de cette Epitaphe libertine, que ſe fit, environ cent Ans après, un autre Poëte fort familier de Charles IX, & pour le moins auſſi grand Vaut-rien que Villon:

   J'ay veſcu ſans Souci, je ſuis mort ſans Regret.
   Je ne ſuis plaint d'aucun, n'ayant pleuré perſonne.
   De ſçavoir où je vais, c'eſt un trop grand Secret:
   J'en laiſſe le Diſcours à Meſſieurs de Sorbonne.

C'étoit ,, un Sécrétaire du Roy, nommé NICOLAS, bon ,, Corrompu, & vieil Peſcheur, lequel diſoit *ne croire* ,, *en Dieu, que par Bénéfice d'Inventaire,* & qui mourut ,, à Paris, en ſa Maiſon, le Vendredy 27 Fevrier 1604.... ,, Comme on lui parloit de Dieu, de la Mort, & d'une ,, Vie eternelle, plus deſirable & plus heureuſe que cel- ,, le-cy, il feit Reſponſe, qu'il *euſt quitté toujours fort vo-* ,, *lontiers ſa Part de Paradis pour 50 Ans de plus de cette* ,, *Vie.......* Mr. le Chancellier l'ayant envoyé viſiter, ,, il pria de luy dire, qu'il *ſe porto't ainſi que la Pavane,* ,, *un Pas en avant, & trois en arriere* ,, Voiez le *Journal* ,, *du Regne de Henry IV, par Pierre de l'Etoile*, TOME II, pagg. 11 & 12. Si une auſſi merveilleuſe Plaiſanterie que celle-là avoit été connue à l'Auteur des *Réflexions ſur les grands Hommes morts en plaiſantant*, il n'auroit pas manqué d'en groſſir ſon petit Recueil. *R. d. l'E.*

Page 60, *à la Marge, après* ſoy complaignant, *ajoutez:* BERNIER obſerve, *qu'il eſt à croire, que cette* belle Heaulmiere *avoit été en ſon Tems ce que la belle* Ferroniere *fut depuis: mais, au moins, ne peut-on pas lui imputer de même d'avoir fait périr ſon Roi, par quelque mauvais Préſent. Ad. d. l'E.*

Page 61, *à la Fin de la Remarque* (*a*), *ajoutez:* BERNIER, *Jugement ſur Rabelais*, page 203, gâte ce Vers, en ſubſtituant *Repréſailles* à *Repentailles*, comme il avoit eſtropié le prémier Mot de la *Ballade*, en le changeant en *la vis*, qui ne ſignifie rien. *Ad. d. l'E.*

Page 64, *ligne derniere, changez ainſi la Remarque* (*c*). *Le Vis.*] Le Viſage: témoins ces Vers du *Roman de la Roſe* touchant Narciſſe,

   Il vit en l'Eaue claire & nette
   Son Vis, ſon Nez, & ſa Bouchette. R. d. l'E.

Page 75, *sur le Vers* Noé le tiers qui fut-là, *ajoutez en Remarque :* Apparemment ce *Noé le Jolys,* auquel il ordonne ci-deſſous Huitain CXL, *unze vingtz Coups d'Oſiers frez cueillis.* R. d. l'E.

Pages 75 & 76, *à la Fin de la Remarque* (d), *ajoutez :* CE bizarre Uſage de *donner des Noces* s'eſt introduit juſques dans les Univerſitez. Dans celle de Montpellier, par exemple, *il eſt permis,* ſelon Bernier, *Jugement ſur Rabelais,* page 420, *de donner ainſi de petits Coups au Bachelier en Médecine, quand il prend la Robbe de Rabelais.* R. d. l'E.

Page 118, *changez ainſi la* 3 *Remarque.* (b) Guerdonne.] C'eſt-à-dire *récompenſe,* de *Guerdon,* pris, ſelon Borel, de l'Allemand *Verdung.* Selon Caſeneuve, au contraire, ce Mot vient de *Guerredon,* comme écrivoient autrefois nos Ancêtres; témoins ces Vers du *Roman de la Roſe* de Jean de Meung:

Je n'appelle pas Vente Don;
Vente ne doit nul Guerredon.

Originairement, *Guerredon* étoit le *Don,* ou Prix, dont on récompenſoit les Gens de *Guerre.* R. d. l'E.

Page 150, *Remarque* (3), *après* Tantes, *ajoutez :* DANS la *Farce de Pathelin,* on lit ainſi :

Or, Sire, la bonne Laurence,
Voſtre belle Ante, *mourut-elle ?* Ad. d. l'E.

Page 154, *Remarque* (1), *après* Ménage, *ajoutez :* d'après le *Monologue de la Botte de Foin* de Coquillart.

Page 157, *à la Fin de la Remarque* (d), *ajoutez :* VILLON fait ainſi traiter ce *Noé le Jolys,* pour en avoir autrefois été maltraité lui-même dans quelque mauvais Lieu. Voïez ci-deſſus, page 75, la *Double Ballade,* Strophe V. Ad. d. l'E.

Page 161, *à la Fin de la Remarque* (a), *ajoutez :* MENAGE écrit ce Mot *Charreterie,* & le dérive de *Carettaria ;* mais, cela rend le Vers trop long d'une Syllabe. Ad. d. l'E.

Page 170, *à la Fin de la Remarque* (b), *après* mauvaiſe, *ajoutez :* DANS les *Iſtorie univerſali de' ſuoi Tempi* de Gio van Villani, Libr. IX, Cap. CLXI, Judas eſt de même honoré du Titre de *Camerlingo e Deſpenciere de' Beni dati per Dio agli Apoſtoli.* Ad. d. l'E.

F I N.

www.ingramcontent.com/pod-product-compliance
Lightning Source LLC
Chambersburg PA
CBHW060228190426
43200CB00040B/1663